I0153696

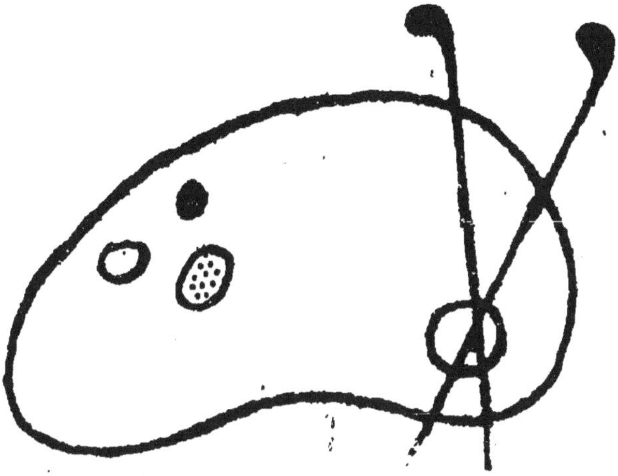

Début d'une série de documents
en couleur

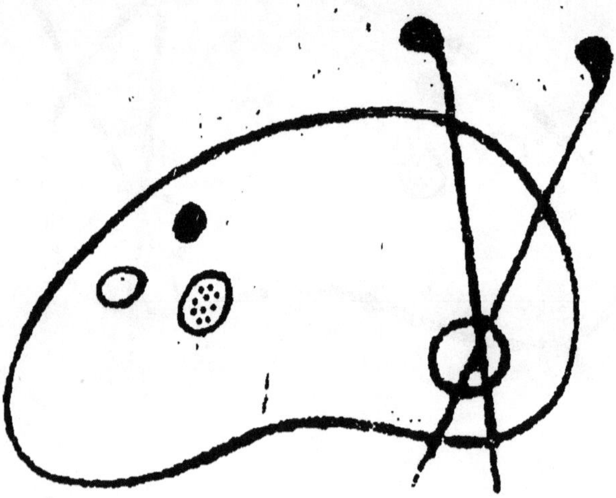

Fin d'une série de documents
en couleur

Ya 485

DES VÉDAS.

Orléans. Imp. de Coignet-Darnault.

DÉPOT LÉGAL
Loiret
11
1854

DES

VÉDAS

PAR

M. J. BARTHÉLEMY SAINT-HILAIRE,

MEMBRE DE L'INSTITUT

(Académie des Sciences morales et politiques.)

BIBLIOTHÈQUE IMPÉRIALE
LOIRET

PARIS

BENJAMIN DUPRAT,
7, Rue du Cloître-Saint-Benoît.

A. DURAND,
5, Rue des Grès-Sorbonne.

1854

DES VÉDAS.

BIBLIOTHÈQUE IMPÉRIALE

I. DES VÉDAS EN GÉNÉRAL.

Il a paru dans ces derniers temps des travaux considérables sur les Védas, dont les uns sont déjà complètement achevés, et dont les autres en cours d'exécution seront bientôt finis. L'Angleterre, la France, l'Allemagne, ont rivalisé de zèle et de science. Je veux faire usage de ces nombreux et précieux matériaux, pour montrer à quel point en sont arrivées ces belles études, qui ne remontent point à plus d'un demi-siècle, et pour tâcher de donner une exacte appréciation des Védas. Les documents que j'emploierai plus particulièrement sont, outre le Rig-Véda de Frédéric Rosen :

Le *Rig-Véda* ou *Livre des Hymnes*, traduit en français par M. Langlois, membre de l'Institut. 4 vol. in-8°, Paris, 1848-1851 ;

La *Rig-Véda-Samhitâ*, avec le Commentaire de Sâyana, publié par M. le docteur Max Muller. 1er vol, in-4°, texte sanscrit. Londres et Oxford, 1849 ;

Le *Rig-Véda*, traduit en anglais, par M. H.-H. Wilson. 1er vol. in-8°, Oxford, 1850;

Le *Yadjour-Véda-Blanc*, avec le Commentaire de Mahidhâra, publié par M. le docteur Albrecht Weber. 1er vol. in-4°, texte sanscrit, Berlin et Londres, 1852, avec le commencement du Çatapatha Brâhmana;

Le *Sâma-Véda*, publié et traduit en anglais, par M. Stevenson. 2 vol. in-8°. Oxford, 1842-1843;

Le *Sâma-Véda*, publié et traduit en allemand, avec un glossaire, par M. Théodore Benfey. Gr. in-8°, Leipzig, 1848;

Et une foule d'autres ouvrages fort estimables de philologie sanscrite, auxquels je me plairai à rendre toute la justice qu'ils méritent.

Ce sera certainement un grand et durable honneur pour M. Langlois, notre confrère à l'Institut, d'avoir le premier, traduit en français le *Rig-Véda*. Grâce à lui, il nous est permis de connaître en entier un de ces ouvrages vénérables dont la réputation était arrivée jusqu'à nous à travers les siècles, mais dont nous ne pouvions guère juger que sur parole. Colebrooke, dans son admirable Mémoire sur les Écritures sacrées des Indiens, avait piqué la curiosité plus encore qu'il ne l'avait satisfaite; et son analyse, quelque précieuse qu'elle fût, ne pouvait tenir lieu des Védas eux-mêmes. Mais, dans ces difficiles études, on n'avance qu'à pas très-lents quand on veut faire des pas assurés; et il s'est écoulé près de cinquante ans entre l'aperçu qu'avait présenté Colebrooke et la publication d'un de ces monuments complets. Il n'a pas tenu à M. Langlois de faire œuvre d'érudit en donnant les textes comme l'ont fait ses émules MM. Muller, Weber et Benfey. Sans des obstacles insurmontables, qu'expliquent assez les circonstances où son livre a paru, il ne se fût pas borné à une simple traduction. Mais il a dû se soumettre à une nécessité plus forte que lui ; et, tandis que d'autres, avec le patronage intelligent et magnifique de la Compagnie des Indes orientales, pouvaient publier de nombreux volumes de sanscrit, il lui a fallu se résigner à un rôle plus modeste, qui d'ailleurs n'en est pas moins utile. Ses efforts, soutenus par deux anciens ministres de l'instruction publique, MM. Guizot et Salvandy, ont pu, après de longues années, aboutir à ces quatre volumes qui renferment l'ensemble du *Rig-Véda;* et il n'y a que ceux qui savent par expérience toutes les peines que coûte encore l'interprétation de ces hymnes qui puissent apprécier ce travail à sa juste valeur. Le monde des Védas n'est pas seulement un monde tout nouveau pour nous ; c'est en outre, pour les Indiens eux-mêmes, un monde très-obscur, où les traditions, quelque riches qu'elles soient, ne portent pas une suffisante lumière. Ce n'est pas seulement une langue éteinte et transformée depuis plusieurs milliers d'années dont il faut percer les ténèbres ; c'est toute une civilisation qu'il faut ressusciter, toute une religion, toute une mythologie, tout un ordre de croyances et d'idées absolument étrangères aux nôtres, et qui répondent à un âge de l'humanité écoulé sans retour.

Il est à peine besoin de le remarquer : l'intérêt qui s'attache aux Védas est immense ; ce sont les livres sacrés d'une nation qui tient une très-grande place dans le passé de l'esprit humain, qui subsiste encore aujourd'hui, après quatre ou cinq mille ans de durée, avec ses dogmes et ses superstitions, et qui, tout en changeant de maîtres, et en se livrant en proie à qui veut la conquérir, n'a pas perdu un seul des traits essentiels qui font son individualité dans la famille humaine. Les livres saints des peuples méritent toujours, quels qu'ils soient, la plus sérieuse attention. Dépositaires de leur foi religieuse, ils sont la source de tous leurs développements ultérieurs, de tous leurs progrès; ils renferment le secret de leur destinée tout entière; et ce n'est pas aller trop loin que de dire que les livres saints d'un peuple étant donnés, il est facile de comprendre ce qu'il a été et de prédire avec une égale certitude ce qu'il sera. Sans doute la philosophie représente l'esprit d'une nation au point de vue le plus élevé et le plus clair; mais elle est le partage exclusif de quelques-uns, tandis que la religion s'adresse à tous, et qu'elle précède toujours la philosophie, comme dans la conscience, la spontanéité précède toujours la réflexion. Mais quand ces livres saints sont ceux d'un peuple qui a donné à la plupart des autres peuples, avec leurs langues, les éléments de leur civilisation, ces livres prennent encore une bien plus haute importance; et l'on pourrait presque croire qu'ils sont comme la clé de l'histoire universelle, ou du moins de cette partie de l'histoire qui nous regarde plus particulièrement, puisque nos ancêtres et nous, y sommes les acteurs principaux.

Aujourd'hui il n'est plus possible de révoquer en doute les traditions qui rattachent la civilisation à la haute Asie, et qui la font naître sur les bords du Gange et au pied de l'Himâlaya, pour se propager et s'étendre de proche en proche vers l'Occident, et pour arriver par l'Asie mineure aux Grecs qui nous en ont transmis à nous-mêmes le noble héritage. On a maintenant une démonstration de ce grand fait, et c'est à la philologie qu'on la doit. La philologie a prouvé et peut toujours prouver à qui le nierait encore, que toutes les langues de l'Europe, depuis le grec et le latin jusqu'à l'allemand et au slave, avec tous leurs dérivés, ont puisé leurs racines, et souvent leurs formes et leur grammaire dans l'idiome sacré où furent écrits les Védas. Il ne s'agit pas ici, bien entendu, de réhabiliter l'idée d'une langue-mère, donnant naissance à toutes les autres sans exception, et couvrant de ses branches fécondes le globe entier. De nos jours, le domaine des langues que parle le genre humain est assez bien connu pour qu'on puisse affirmer qu'il y a des langues absolument différentes les unes des autres, qu'il est impossible de ramener à une souche commune. Mais on peut affirmer aussi qu'il est un certain nombre de langues qui ont entre elles des rapports frappants de ressemblance et qui sortent du même berceau. Je ne veux pas aller plus loin que cette assertion; mais je maintiens que la langue sanscrite est la mère de toutes les langues parlées chez les peuples qui ont poussé la civilisation au point où nous la voyons aujourd'hui. La race dont nous faisons partie a été nommée très-justement la race indo-européenne, quels que soient d'ailleurs ses croisements et ses mélanges; mais si physiquement cette origine est vraie, intellectuellement elle l'est encore bien davantage; et la philologie démontre jusqu'à l'évidence ce fait que l'ethnologie, guidée par des lumières assez incertaines, soupçonnait plutôt qu'elle ne pouvait le constater.

On voit qu'en indiquant la route qu'a suivie cette grande émigration de langues sortie des contrées qu'arrose le Gange, traversant celles qu'arrose l'Indus, traversant la Perse, la Grèce et l'Italie, pour venir féconder notre Europe occidentale, je laisse de côté deux ou trois autres courants à peu près aussi considérables, je veux dire celui des langues sémitiques et des langues chinoises, sans parler de quelques autres courants secondaires. Les langues sémitiques ont pour l'Europe cette importance capitale, que ce sont elles qui lui ont donné sa religion; mais les langues que parle l'Europe viennent d'une source différente, d'une source probablement plus ancienne, qui n'est autre que le sanscrit. Ce serait une témérité que de vouloir, dans l'état actuel de nos connaissances, assigner des dates même approximatives à ces étapes et à ces transformations de la langue des Brahmanes. L'histoire ne peut pas dire précisément les époques où elles ont eu lieu; elle ne peut pas même savoir par quelles nations elles se sont successivement accomplies; mais elle doit recueillir et enregistrer ces faits philologiques qui sont désormais aussi avérés que curieux; le temps retrouvera peu à peu tous les anneaux de la chaîne aujourd'hui rompue pour elle; et les découvertes inattendues des inscriptions cunéiformes lui en livreront bientôt l'un des intermédiaires les plus importants et les moins connus.

Quoi qu'il en puisse être de ces questions, dont chaque jour avance la solution, nous possédons les Védas; et nous pourrons savoir bientôt, avec la dernière précision, ce qu'ils ont fourni au monde civilisé d'éléments et de matériaux. Par un hasard qui est à peu près unique dans les annales humaines, ces monuments si antiques et si vénérés nous sont parvenus complets et sans lacunes. L'écriture sacrée des Indiens ne se compose pas seulement des quatre livres appelés les Védas, et qui forment déjà par eux seuls un ensemble considérable de vers et de prose; elle comprend, de plus, des ouvrages moitié théologiques, moitié liturgiques, qui se nomment des Brâhmanas, et qui sont beaucoup plus volumineux que les Védas eux-mêmes. Il faut y joindre encore d'autres traités qui, sans être sacrés comme les Védas et les Brâhmanas, ne s'en séparent point cependant pour l'orthodoxie brahmanique, et qu'on appelle des Oupanishads (1). Les Oupanishads ne se distinguent guère des Brâhmanas, ni par le sujet ni par la forme; elles expliquent comme eux, par des discussions philosophiques et par des récits, le dogme et la

(1) Il y a des Oupanishads qui font partie des Védas : ainsi l'Isâvâsyam qu'ont traduite William Jones, d'abord, et bien d'autres après lui, est le quarantième et dernier chapitre du *Yadjour-Véda-Blanc*. On l'appelle l'Oupanishad de la Vâdjasaneyâ samhità; elle est en vers, et ne peut se détacher de l'écriture sainte, qui, sans cela, serait incomplète. La Vrihad aranyakâ Oupanishad, qui est le 14e livre du Çâtapatha-Brâhmana, seconde partie du *Yadjour-Véda-Blanc*, entre essentiellement aussi dans la collection canonique des livres sacrés, qui ne peut se passer du Çâtapatha-Brâhmana. On l'appelle l'Oupanishad du Brâhmana de la Vâdjasaneyi, bien qu'elle renferme aussi de nombreux Brâhmanas. La Taittiriyaka oupanishad et la Nârâyana oupanishad sont comprises au même titre dans l'Aranya, seconde partie du *Yadjour-Véda-Noir*. La Vârouni est une autre Oupanishad du *Yadjour-Véda-Noir*, et s'y rattache de la même façon. Ainsi voilà des Oupanishads qui sont des portions intégrantes du Véda, tout aussi bien que les Brâhmanas, et elles entrent même dans le recueil des Mantras. Mais, en général, les Oupanishads n'ont pas ce degré d'importance, et elles ne viennent qu'après les Brâhmanas. Si l'on veut recourir à l'étymologie du mot pour bien connaître la valeur du genre d'ouvrages qu'il désigne, on ne trouve pas une explication suffisante. Oupanishad, d'après le témoignage des commentateurs indiens cités par Colebrooke et M. Windischmann, signifie « la science des perfections divines et l'acquisition de la béatitude par l'impassibilité. » Ce sont, si l'on veut, les résultats et les fruits pieux que porte la lecture des Oupanishads; mais ce n'est là que l'interprétation peu justifiée des éléments philologiques que l'on fait entrer dans la composition du mot Oupanishad. Si l'on a recours aux dictionnaires, ils expliquent Oupa-

liturgie ; la seule différence peut-être, c'est qu'elles sont rédigées dans un style un peu moins concis et plus populaire. Ainsi, les Védas, les Brâhmanas, les Oupanishads,

. . . .

nishad par réhésya, c'est-à-dire mystères; et ce sens, qui au point de vue de l'étymologie n'est pas plus légitime que l'autre, a été suivi par Anquetil-Duperron et le traducteur persan qu'il a reproduit. (Oupnékhat; id est secretum tegendum.) Voir Colebrooke, Essays, tome 1er, p. 92, et plus spécialement encore le Sankara de M. Windischmann, qui a réuni des textes nombreux extraits des commentateurs. Sankara, p. 90 et suiv. Je ne crois donc pas me tromper en disant d'une manière générale que le Véda se compose de trois espèces d'ouvrages : les Mantras, les Bhâhmanas et les Oupanishads. Mais il faut ajouter aussi que la plus grande partie des Oupanishads ne sont pas dans ce cas. Les cinquante-deux Oupanishads de l'Atharva Véda, par exemple, n'en font pas partie; elles en sont des annexes ; elles n'en sont pas des fragments. Peut-être le mot d'appendice serait-il le plus souvent la meilleure traduction du mot Oupanishad. Je ne la propose pas cependant, parce que si presque toutes les Oupanishads ne sont que des suppléments aux Védas, des œuvres inspirées par la lecture du livre saint, il en est quelques-unes, comme celles que j'ai citées plus haut, qui ne pourraient être comprises dans cette classification. Il faut bien savoir, du reste, que les Oupanishads n'ont d'ordinaire aucun rapport particulier avec le Véda auquel on les rattache; et cela est si vrai, qu'il y a des Oupanishads qu'on rapporte indifféremment à l'un ou l'autre des Védas; et quand on les examine avec soin, il est impossible de trouver un motif qui doive les faire réunir à celui-ci plutôt qu'à celui-là. Ce qui est le plus probable, c'est qu'on aura joint telle Oupanishad à tel Véda, parce que l'auteur l'aura composée après avoir médité ce Véda spécialement. On ne sait d'ailleurs encore que fort peu de chose sur la composition des Oupanishads; et c'est, selon toute apparence, l'une des parties les plus obscures de la littérature védique.

sans compter les commentaires innombrables dont ils ont été l'objet, comprennent la totalité de l'écriture sacrée et représentent au moins la valeur de trente de nos volumes in-8° ordinaires. Voilà ce qu'il faudra connaître complètement pour savoir au juste ce qu'a été la religion primitive des brahmanes, fournissant aux Grecs leur mythologie, et plus tard produisant le bouddhisme qui a couvert la Chine entière, le Thibet, la Mongolie, la Tartarie et une foule d'autres contrées, de ses sectateurs au nombre de plus de deux cents millions. Sans doute les Védas seront très-loin de justifier toujours la renommée de haute sagesse qu'on leur a faite; plus d'une fois, ils exciteront la surprise et même le dédain; mais ils offriront aussi à l'observateur impartial de grandes beautés poétiques, des idées métaphysiques très-profondes, et en somme l'un des spectacles les plus curieux et les plus grands que puisse présenter l'esprit humain. Nous pouvons déjà en juger assez bien, puisque deux Védas entiers, le *Ritch* et le *Sâman*, ont été traduits; nos successeurs en pourront juger mieux encore, car on peut dès à présent annoncer à coup sûr que le siècle ne se passera pas sans que toute la collection védique ne soit explorée et publiée dans ses monuments principaux.

Ajoutez que les Védas, chez le peuple indien lui-même, sont placés à la tête d'une littérature qui est plus féconde et plus étendue, si ce n'est aussi belle, que la littérature grecque. Poëmes épiques, systèmes de philosophie, théâtre, mathématiques, droit, grammaire, le génie indien a tenté toutes les grandes directions de l'intelligence, quelquefois avec succès, et toujours avec pleine originalité. Ce sont les Védas qui, de son propre aveu, l'ont uniquement inspiré. C'est aux Védas qu'il rapporte tout ce qu'il a pu faire; et dans les classifications encyclopédiques qu'il a essayées, c'est à l'écriture sacrée qu'il fait tout remonter, ou plutôt c'est de l'écriture sacrée qu'il fait tout descendre.

Ainsi les Védas se trouvent avoir un double intérêt, et pour l'histoire générale de la civilisation, et pour l'histoire particulière du grand peuple dont ils forment la religion.

Le XVIIIe siècle, qui ne faisait qu'entrevoir très-obscurément ces problèmes, n'y appliqua pas cependant moins vivement son attention. Voltaire, mu par les passions qu'on lui connaît, et croyant retrouver dans l'Inde les origines et peut-être le modèle du christianisme, poursuivit avec une prodigieuse ardeur tout ce qui pouvait éclaircir ces questions. Mais les renseignements qu'on possédait alors étaient bien peu positifs ; et Voltaire n'était point homme à les rendre plus précis et plus justes par l'esprit et la méthode qu'il portait dans ces recherches. Tout ce que l'on savait alors des Védas, même après le séjour et les victoires des Français dans l'Inde, était aussi vague qu'inexact. En 1668, Bernier avait vu les Védas à Bénarès; mais il n'avait pu les acheter. Il en donnait les quatre noms en les défigurant, sans les rendre tout à fait méconnaissables (tome II de son voyage, pag. 122 et 134); c'était la première notion peut-être et l'une des plus sûres qu'avait reçues l'Europe de ces contrées éloignées. Près d'un siècle plus tard, Holwell et Dow, malgré une résidence prolongée dans le pays et malgré de très-sérieux travaux, n'avaient guère plus à nous en apprendre que Bernier lui-même. L'un et l'autre avaient eu les Védas en main, mais ils n'en comprenaient pas la langue ; l'aide même des plus savants Pandits n'avait pu les initier suffisamment à cette étude alors presque impossible. Une vingtaine d'années avant eux, le P. Pons, l'un des jésuites les plus intelligents et les plus instruits qui aient honoré les missions de l'Inde, n'avait pu faire davantage; quoiqu'il eût pénétré assez profondément dans l'étude de la philosophie sanscrite, le domaine des Védas lui était resté presque entièrement fermé; et il désespérait qu'on y pût jamais entrer d'une manière sérieuse.

Tel était l'état des choses quand, en 1760, Voltaire crut avoir découvert une partie du Véda. On sait tout le bruit qu'il fit autour de l'*Ezour-Veidam*. C'était un manuscrit qui lui avait été rapporté de l'Inde par M. de Maudave, commandant pour le roi sur la côte de Coromandel. La traduction en avait été faite en français par un brahmane, correspondant de la compagnie des Indes, grand-prêtre de l'île de Séringham dans la province d'Arcate. Voltaire estimait que ce livre avait été composé avant l'expédition d'Alexandre; et il lui donnait ainsi plus de deux mille ans d'antiquité. A ses yeux l'*Ezour-Veidam* avait de très-grands mérites. D'abord c'était un ouvrage de polémique combattant les superstitions indiennes, et réfutant les erreurs du *Veidam* qu'il commentait. Puis il parlait de Dieu en termes magnifiques et assez analogues à ceux dont se servait Voltaire lui-même, pour en proclamer l'unité et la toute-puissance. Un attrait plus particulier de l'*Ezour-Veidam*, c'est qu'à côté de ce dogme de l'unité de Dieu, qu'on avait cru jusque-là le privilége du peuple juif, il racontait l'histoire du premier homme et de la première femme à peu près comme la Bible elle-même. On voit sans peine tout le parti qu'on pouvait tirer de ces rapprochements. Les citations que faisait Voltaire, et par lesquelles il voulait révéler à l'Europe ce livre prodigieux, étaient en effet dignes d'admiration; et c'était une vraie merveille de retrouver ce langage si grand et si simple dans un auteur indien écrivant quatre ou cinq siècles avant l'ère chrétienne. Pour que le monde savant pût vérifier ses assertions, et se convaincre directement, Voltaire déposait en 1761 le manuscrit qui lui avait été donné, à la Bibliothèque royale où chacun pouvait le consulter ; et il croyait avoir fait au public un cadeau du plus haut prix (1).

Voltaire n'abusait pas de la crédulité de ses lecteurs; il était dupe lui-même d'une fraude pieuse qu'il ne soupçonna jamais. L'*Ezour-Veidam* avait été bien réellement écrit dans l'Inde, mais ce n'était pas avant l'expédition du héros macédonien ; c'était tout au plus un siècle avant Voltaire lui-même. Il n'était pas de la main d'un brahmane ; il était de la main d'un missionnaire. Rien d'étonnant dès lors que les principes qui forment le fond des croyances chrétiennes, s'y trouvassent dans toute leur simplicité et leur grandeur. Rien d'étonnant qu'on y combattît les superstitions des Indous, puisque c'était un acheminement habile à leur conversion. Aujourd'hui même, il serait impossible de dire précisément quel est l'auteur de l'*Ezour-Veidam*. Mais l'on sait, à n'en point douter, que le P. de Nobili ou de Nobilibus, jésuite italien et neveu du cardinal Bellarmin, missionnaire dans l'Inde vers 1640, y avait adopté le costume, les mœurs, les doctrines même des indigènes pour gagner leur confiance, avait appris le sanscrit et les langues populaires du pays, et qu'il était parvenu à composer dans ces langues des ouvrages auxquels les brahmanes eux-mêmes s'étaient mépris. Il servait ainsi le christianisme sans en prêcher

(1) On peut voir dans les ouvrages de Voltaire toute cette histoire de l'*Ezour-Veidam*, tome XV, p. 80; tome XLIII, p. 348; tome XLVIII, p. 239, et dans la *Correspondance*, 1760; tome LXIV, p. 68, 1761, *ibid.*, p. 463 et 508, édition Beuchot.

ouvertement les dogmes trop opposés à la religion védique. Plus tard, et dans la première moitié du XVIIIe siècle, un autre jésuite italien, le P. Beschi, avait joué le même rôle avec autant de dextérité et peut-être avec plus de succès encore. L'*Ezour-Veidam*, soit qu'il fût du P. de Nobili ou du P. Beschi, n'était qu'une de ces fabrications que se permet un zèle plus ardent qu'éclairé ; et si les Indous eux-mêmes s'y étaient laissé prendre, ainsi qu'on le dit, Voltaire était assez excusable de s'y laisser prendre à son tour.

Cependant je suis étonné, je l'avoue, que son goût littéraire, si sûr et si net, ne l'ait point averti. Il suffit de lire l'*Ezour-Veidam* pour être convaincu que ce ne peut être là l'œuvre d'un philosophe indien du temps d'Alexandre. Il y a dans les allures générales de la pensée aux différents siècles, aux différentes époques de la civilisation, des caractères assez saillants et assez reconnaissables pour qu'on puisse ne s'y point tromper. Tout rapprochés que nous sommes des anciens par l'intelligence, par l'étude, par la tradition, par l'admiration même, nous n'écrivons pas comme eux ; notre style n'est pas le leur ; nous ne pensons pas, nous n'écrivons pas de même. A plus forte raison ces dissemblances sont-elles frappantes, quand il s'agit d'écrivains encore plus éloignés de nous par les lieux et par la civilisation entière dans laquelle ils ont vécu. Voltaire, lui-même, aurait eu à composer l'*Ezour-Veidam*, et il aurait voulu réfuter les erreurs des brahmanes en paraissant les adopter en partie, qu'il n'aurait pas fait un autre livre. La division des matières, la méthode de l'ouvrage, le procédé de réfutation, sans parler même du fond des idées qui se trahit souvent, tout devait révéler un faussaire à des yeux aussi exercés. C'est ce qui arriva lorsque l'année même de la mort de Voltaire, Sainte-

Croix, séduit comme lui, publia l'*Ezour-Veidam* sur une copie qu'en avait faite Anquetil-Duperron, dans les papiers d'un M. Barthélemy, second membre du conseil de Pondichéry, et qui complétait celle de Voltaire. Malgré les dissertations de Sainte-Croix, il n'y eut personne dans le monde savant qui crût encore à l'authenticité de l'*Ezour-Veidam*. On en ignorait l'origine certaine; mais il n'y eut pas un esprit sensé qui ne la trouvât suspecte; et l'*Ezour-Veidam*, si fameux un instant, retomba dans l'obscurité dont le génie de Voltaire avait tenté, bien en vain, de le faire sortir. Sainte-Croix d'ailleurs sentait que Voltaire s'était trompé en donnant une date aussi reculée à cet ouvrage; et sans lui en assigner une lui-même, il le croyait beaucoup moins ancien qu'on ne l'avait supposé et proclamé si haut.

Ces mécomptes et ces incertitudes avaient dégoûté les esprits sérieux; et en 1784, Herder, tout admirateur qu'il était du génie des indiens, dont il faisait un si noble éloge dans son grand ouvrage, désespérait qu'on pût jamais retrouver les Védas (1) et la véritable langue sanscrite. Heureusement que cette prédiction ne devait pas s'accomplir; et l'année même où Herder la faisait, voyait fonder la Société asiatique de Calcutta, par les soins de William-Jones, et sous le patronage d'Hastings. En très-peu de temps, cette admirable fondation commençait à tenir ses promesses et à justifier les espérances qu'elle avait fait naître. La véritable langue sanscrite était non-seulement retrouvée mais comprise; et Wilkins traduisait la *Bhagavad-Guttá*. William-Jones lui-même publiait les *Lois de Manou* qu'il traduisait en anglais; et dans son introduc-

(1) *Idées pour la philosophie de l'histoire de l'humanité*, tome II, p. 247, traduction française de M. E. Quinet.

tion, il pouvait citer quelques fragments des Védas, qu'il possédait et qu'il se proposait de faire connaître. Vers la même époque, de simples particuliers, animés du zèle que montrait la Société asiatique, recherchaient des copies des Védas et savaient se les procurer, si ce n'est encore les comprendre. Le colonel Polier en faisait faire une assez complète, qu'il déposait au British-Musæum. Sir Robert Chambers formait la superbe collection que possède aujourd'hui la bibliothèque de Berlin. Le temps n'était pas éloigné où Colebrooke pourrait lire les Védas tout entiers, les analyser à l'aide des commentaires originaux, et donner au monde savant, sur l'authenticité de ces livres et leur contenu, les renseignements les plus exacts et les plus satisfaisants.

Mais au début de ce siècle, c'est-à-dire trois ou quatre ans avant Colebrooke, l'un de nos compatriotes, l'héroïque Anquetil-Duperron publiait un ouvrage qui, malgré tous ses défauts, était de nature à faire avancer ces questions. C'était l'Oupnékhat ou collection d'Oupanishads des quatre Védas. Anquetil-Duperron n'avait pas les originaux sanscrits, que, d'ailleurs, il n'aurait point entendus; il n'avait eu qu'une traduction persane faite, en 1656, par les ordres d'un prince persan appelé Darashucoh. Anquetil intitulait son livre *Théologie et philosophie indiennes*. Le titre n'était pas très-exact; mais ce recueil d'Oupanishads, s'il ne renfermait pas la philosophie des Indiens, renfermait une bonne partie de leur théologie, et c'était beaucoup à cette époque d'en connaître les monuments, même au travers de deux ou trois traductions plus ou moins fidèles. Les Oupanishads que donnait Anquetil étaient au nombre de cinquante, et c'était là tout ce que contenait la traduction persane. Les Oupanishads de tous les Védas étaient sans doute plus nombreuses; mais celles-là suffisaient pour faire juger du reste, et l'on put dès lors se faire une idée assez juste de ce qu'étaient ces livres si vantés. Malheureusement la traduction latine d'Anquetil était tellement barbare, qu'il était à peu près impossible de la lire; et son ouvrage, tout curieux qu'il pouvait être, resta, si ce n'est ignoré, du moins négligé des savants eux-mêmes (1).

Cependant ce recueil d'Oupanishads attestait un grand fait; c'est que les brahmanes ne refusaient pas, comme on l'avait cru, de communiquer leurs écritures sacrées, puisqu'un prince musulman avait pu se les procurer, il y avait déjà cent cinquante ans, à Bénarès, la ville sainte par excellence. Des recueils de ce genre avaient cours dans l'Inde, et ils variaient selon le goût et les besoins de ceux qui les faisaient faire à leur usage. De plus, la traduction d'Anquetil, tout informe et tout insuffisante qu'elle était par elle seule, pouvait être fort utile quand on la confronterait avec les originaux sanscrits.

On le voit donc, à cette époque on savait très-peu de chose des Védas; mais tous les doutes qu'on pouvait conserver encore furent levés quand, en 1805, Colebrooke publia son mémoire dans le huitième volume des *Recherches asiatiques* de la Société de Calcutta. Colebrooke avait pu, à l'exemple d'autres Anglais, et grâce à la position officielle qu'il occupait dans l'administration de l'Inde, se procurer à Bénarès la plus grande partie des écritures védiques, d'abord les quatre Védas eux-mêmes, puis les Brâhmanas et la plupart des Oupanishads. Il y avait joint

(1) On peut voir dans les *Indische Studien* de M. Albrecht Weber, tome I, pages 247, 380, et tome II, page 231, un travail fort curieux sur les Oupanishads du recueil traduit par Anquetil-Duperron.

un grand nombre de commentaires, sans lesquels l'intelligence de ces monuments obscurs est aussi difficile que peu exacte. Il avait lu cet immense amas de matériaux en langue sanscrite, et c'était d'un sommaire de ces lectures qu'il faisait part au public. Avant lui, personne n'avait été en état d'en faire autant; et je doute qu'aujourd'hui même, parmi les savants qui possèdent le sanscrit, un seul puisse se vanter d'avoir imité Colebrooke et lu tous les Védas.

Colebrooke établissait d'abord que, dans la croyance indienne, les Védas sont d'origine divine, et qu'ils ont été révélés par Brahma lui-même. Conservés par la tradition, ils ont été plus tard arrangés par un sage appelé Vyâsa et divisés en quatre parties : le Ritch, le Yadjoush, le Sâman et l'Atharvana. Les trois premiers sont les principaux, et le quatrième, bien que selon toute apparence il soit un peu postérieur aux autres, renferme des parties tout aussi anciennes, et passe auprès des brahmanes pour n'être pas moins authentique. Chaque Véda se compose de deux parties bien distinctes : les Mantras ou prières et les Brâhmanas ou préceptes. La collection des prières d'un Véda prend le nom particulier de Samhitâ, ou recueil; le reste du Véda prend le nom de théologie ou Brâhmana. Les Brâhmanas, si l'on accepte la définition des auteurs indiens, « renferment des préceptes qui prescrivent les « devoirs religieux, des maximes qu'impliquent ces pré« ceptes, et des arguments qui se rapportent à la théolo« gie. » C'est ordinairement des Brâhmanas que sont extraites les Oupanishads. Parfois les Brâhmanas contiennent aussi des prières ou Mantras ; mais c'est alors à l'état de citation. Les Mantras et les formules liturgiques sont précisément ce qui forme le Véda proprement dit. La théologie se trouve surtout dans les Oupanishads ; et cette remarque de Colebrooke est si vraie, que l'école orthodoxe du Védânta, qui a pour but unique d'expliquer le sens secret et profond de l'Ecriture sacrée, s'appuie exclusivement sur certaines Oupanishads, qu'elle considère comme les plus importantes et les plus authentiques.

Après ces détails préliminaires, Colebrooke se livrait à l'examen de chacun des Védas et il analysait successivement le Ritch, le Yadjoush, le Sâman et l'Atharvana, dans l'ordre même où les place la vénération des Brahmanes.

La racine sanscrite Ritch, d'où est tiré le nom du *Rig-Véda*, ne veut dire que « louer ; » un ritch est une prière, un hymne, où un Dieu est loué par le poète qui s'adresse à lui ou qui le célèbre. Il peut donc y avoir des ritchas, c'est-à-dire des hymnes en dehors même du *Rig-Véda* et dans les autres Védas ; mais le *Rig-Véda* est plus particulièrement un recueil d'hymnes de ce genre ; et j'ajoute, en passant, que cette étymologie justifie le second titre que M. Langlois a cru devoir donner à sa traduction. Par suite il y a, pour chacun des hymnes du *Rig-Véda*, nécessité d'indiquer d'abord le nom de l'auteur ou rishi qui a composé l'hymne, et le nom de la divinité à laquelle il se rapporte. Les noms des auteurs ont été conservés dans des tables fort anciennes, ou anoukramani, jointes aux Védas eux-mêmes et dont l'autorité est reconnue de tout le monde. Outre les noms du rishi et de la dévatâ ou divinité, ces index donnent encore le mètre particulier dans lequel l'hymne est écrit, et même le nombre de syllabes qu'il contient, moyen assez bon qu'avaient imaginé ces temps reculés pour empêcher les altérations des textes saints. Le *Rig-Véda* est divisé de plusieurs manières différentes, suivant qu'on partage cette collection d'hymnes qui est très-considérable en sections diverses. Dans l'une de ces divisions, les hymnes sont classés par auteurs. Parmi ces auteurs, il y a des rois et des fils de rois qui n'ont pas dédaigné de cultiver la poésie sacrée, ou plutôt auxquels Brâhma lui-même a communiqué ou fait voir (rishi ne signifie pas autre chose) le texte divin; car les Indiens, tout en désignant avec un soin scrupuleux les auteurs humains des hymnes du Véda, ne veulent pas que ces auteurs aient eux-mêmes composé leurs chants, qui portent cependant bien souvent l'empreinte des passions humaines. Ces auteurs les ont vus et les ont simplement transcrits pour l'instruction et le salut de l'humanité. Du reste, Colebrooke, tout en recueillant ces indications, qui pourraient être précieuses pour l'histoire, n'a rien pu en tirer de notoire et de précis. Les divinités invoquées dans le *Rig-Véda* paraissent très-nombreuses; mais les commentateurs indiens, dont le témoignage est peut-être en ceci peu acceptable, parce qu'il est relativement assez récent, les réduisent à trois : le feu, l'air et le soleil. Le *Neighantouka* et le *Niroukta*, traités grammaticaux et philologiques sur la langue des Védas, le disent positivement; et ces petits ouvrages qu'a récemment publiés M. R. Roth, sont attribués à Yâska, antérieur à Pânini lui-même, le fameux grammairien, c'est-à-dire qu'ils remontent à cinq siècles environ avant l'ère chrétienne. Le Niroukta va même encore plus loin, et, d'accord avec l'anoukramani du *Rig-Véda*, il prétend réduire toutes ces divinités, quelque diverses qu'elles soient, à un dieu unique, qui n'est alors que l'âme du monde, pradjapati, mahanâtmâ.

Pour faire apprécier le style du *Rig-Véda*, Colebrooke cite quelques hymnes qu'il traduit, et il donne d'assez longs fragments de deux des principaux Brâhmanas : l'Aitareya Brâhmana et l'Aitareya Aranyaka, dont une partie forme une Oupanishad célèbre, qui est connue sous le nom de Bahvritch-Brâhmana-Oupanishad ; et que l'école védânta a particulièrement adoptée comme le fondement de sa théologie. Aujourd'hui que nous connaissons le *Rig-Véda* tout entier, on peut trouver que Colebrooke n'a pas parfaitement choisi parmi les hymnes, et qu'il a laissé complètement dans l'ombre tout le côté poétique. C'est une omission grave, dont je ne veux pas d'ailleurs faire un reproche à l'illustre indianiste. Les habitudes de son esprit, la direction générale de ses travaux, le rendaient peu sensible à ce genre de beautés tout éclatantes qu'elles sont ; et l'exemple de William Jones, magistrat, poète, philologue, critique, tout ensemble, était bien difficile à suivre. Mais il faut qu'on sache que l'on ne connaît pas le *Rig-Véda* dans ce qu'il a de plus grand, quand on ne le connaît que par l'analyse de Colebrooke, quelque sûre, quelque excellente qu'elle soit à tant d'autres égards.

Du *Rig-Véda* ou Véda des hymnes, Colebrooke passe au *Yadjour-Véda*. Yadj veut dire « adorer » comme ritch veut dire « louer ; » et le *Yadjour* renferme précisément les formes de l'adoration dans tous ses détails, c'est-à-dire du sacrifice, en sanscrit « yadjnya. » Le *Yadjour-Véda* se partage en deux grandes parties : le *Yadjour-Véda-Blanc* et le *Yadjour-Véda-Noir*. On peut lire dans Colebrooke la légende extravagante (1), pour ne rien dire de plus, qui explique cette division du *Yadjour*. La samhitâ du *Yadjour-Véda-Blanc* se nomme plus spécialement *Vadjasaneyâ samhitâ* ; et c'est sous ce titre que l'a publiée récemment M. Weber, de Berlin. Elle contient des prières et des invocations réparties en quarante lectures d'inégale longueur, de treize à cent dix-sept vers. Chaque vers forme une section, kan-

(1) Voir plus loin l'article spécial sur le *Yadjour-Véda*.

dika ; et le nombre total de ces sections s'élève à mille neuf cent quatre-vingt-sept. Le *Yadjour-Blanc* est donc, avec le *Sâma-Véda*, l'un des plus courts. Colebrooke analyse, une à une, chacune des quarante lectures, et il indique le sujet des prières spéciales qu'elle renferme. Dans les deux premières, sont réunies les prières pour la nouvelle et la pleine lune et celles qu'on adresse aux mânes des ancêtres ; d'autres se rapportent à la consécration du feu perpétuel, au sacrifice des victimes, au sacre des rois, etc., etc. Colebrooke traduit la trente-deuxième lecture qui se compose de seize slokas et qu'on doit réciter dans la cérémonie du Sarvamédha, c'est-à-dire dans le sacrifice offert pour obtenir le succès des entreprises en général. Pour le quarantième et dernier chapitre de la *Vadjasaneyâ samhitâ*, qui forme une Oupanishad appelée Isâvâsyam ou isâdhyâya, il renvoie à la traduction qu'en a donnée William Jones, et qu'on peut trouver parmi ses œuvres posthumes, dans l'édition de lord Teignmouth.

La seconde partie du *Yadjour-Véda-Blanc* est un Brâhmana appelé Çatapatha brâhmana, beaucoup plus étendu que la samhitâ ou collection de prières. Il comprend quatorze livres, subdivisés en cent lectures. Les préceptes ou Brâhmanas proprement dits sont au nombre de quatre cent quarante, qui suivent régulièrement l'ordre que la Vadjasaneyâ samhitâ suit elle-même pour les prières. Le quatorzième et dernier livre du Çatapatha brâhmana forme une Oupanishad, très-souvent citée sous le nom de Vrihad aranyaka oupanishad. La plus grande partie de cette Oupanishad se compose de dialogues, où figure, comme principal acteur et comme instituteur, Yadjnya-Valkya, l'auteur présumé du *Yadjour-Véda-Blanc*. Colebrooke a donné d'assez longs fragments de cette Oupanishad.

Les prières ou Mantras du *Yadjour-Noir*, ou *Taittirya-Yadjour-Véda*, sont plus étendues que celles du *Yadjour-Blanc*, sans l'être autant que celles du *Rig-Véda*. La samhitâ se divise en sept livres, renfermant chacun de cinq à huit lectures ; et, par une précaution assez singulière dans un ouvrage réputé divin, la samhitâ elle-même indique le nombre de textes contenus dans chaque section, et même jusqu'au nombre des syllabes contenues dans chaque texte. La première section du *Yadjour-Noir* correspond à la première section du *Yadjour-Blanc* ; mais la ressemblance ne va pas plus loin, et tout le reste diffère, quoique parfois les mêmes sujets soient traités dans l'un et l'autre Véda. Un point remarquable dans le *Yadjour-Noir*, c'est que les auteurs n'y sont plus humains. Pour rester fidèle à la tradition, sans doute, on a substitué des noms de dieux à des noms d'hommes ; et les rishis qui ont composé ces prières sont par exemple, dit-on, Pradjapati, ou le dieu maître et souverain des créatures, Agni, le dieu du feu, etc. Colebrooke a traduit un passage du septième et dernier livre, qui est purement théologique et n'a pas le ton d'une prière. La seconde partie du *Taittiriya-Yadjour-Véda* se compose, comme la seconde partie du *Yadjour-Véda-Blanc*, de Brâhmanas que Colebrooke n'avait pu se procurer complètement. Elle comprend aussi plusieurs Oupanishads, dont il traduisait quelques morceaux.

Colebrooke s'étendait peu sur le *Sâma-Véda*, dont il n'avait eu que des fragments. Le *Sâma-Véda* est particulièrement honoré par les Indiens ; il est tout entier en vers. Les ritchas qu'il contient doivent être toujours chantés ; et les copies de ce Véda sont en général accompagnées de notations musicales, pour guider la prononciation et les inflexions de la voix. A ce Véda se rattachent plusieurs Brâhmanas, qui en forment la seconde partie et comme le supplément. La principale Oupanishad du *Sâma-Véda* est la Tchandognya Oupanishad, par laquelle s'ouvre l'ouvrage d'Anquetil-Duperron. Colebrooke en traduit un fragment très-curieux qu'on peut trouver dans l'Oupnékhat, t. Ier, p. 44 ; et la comparaison des deux traductions montrera combien celle d'Anquetil rend les choses méconnaissables.

La samhitâ du quatrième et dernier Véda, appelé l'*Atharva Véda*, du nom présumé de l'auteur, contient vingt-deux livres subdivisés en cent sections (anouvakas), qui sont elles-mêmes composées d'un certain nombre d'hymnes (souktas). Quelques-uns de ces hymnes, et des vers séparés (ritchas), sont pris du *Rig-Véda* et du *Yadjour-Véda*. Les prières de l'*Atharva-Véda* ont ce caractère particulier qu'elles sont moins un hommage aux divinités qu'elles invoquent qu'une requête présentée à leur puissance pour quelque intérêt purement individuel. Elles renferment beaucoup de formules de conjurations, et l'on pourrait dire d'exorcismes, pour détourner les malheurs qu'on redoute, détruire les ennemis que l'on craint, obtenir l'accomplissement des souhaits que l'on a conçus. En général, ces prières, bien qu'elles puissent servir dans diverses cérémonies religieuses, ne sont pas employées dans le sacrifice ; et, par cela même, elles sont reléguées à un rang un peu inférieur. Le Brâhmana principal de l'*Atharva-Véda* se nomme le Gopatha, ou le chemin des Vaches. Mais la partie la plus curieuse de ce Véda, c'est le recueil des Oupanishads qui s'y rattachent. Elles sont au nombre de cinquante-deux, et il y en a plusieurs qui ont servi de base à la théologie de l'école védânta. Colebrooke prend la peine de désigner chacune de ces cinquante-deux oupanishads par leur nom, et de donner quelques détails sur les plus importantes. Déjà l'on savait, par l'Oupnékhat d'Anquetil-Duperron, que la plupart des Oupanishads étaient rapportées à l'Atharvana ; et ce Véda, le plus récent des quatre, présente, à cause de ces annexes, un intérêt que les trois autres n'ont pas au même point.

Tel était l'ensemble des renseignements alors tout nouveaux et parfaitement précis que réunissait le mémoire de Colebrooke. C'était comme une exploration tentée dans un pays inconnu, par un voyageur intelligent et courageux ; et le récit de tant de découvertes était fait pour appeler des investigations nouvelles. C'était un champ immense ouvert à la philologie et à l'histoire. Mais dans ces questions, il était deux points qui sollicitaient un esprit aussi positif que celui de Colebrooke, et qu'il voulait mettre à l'abri de toute contestation : d'abord l'authenticité des Védas, et, en second lieu, la date de leur composition. Sur le premier point, l'argumentation de Colebrooke, appuyée sur onze séries de preuves différentes, est irréfutable. C'est un chef-d'œuvre de clarté et de logique ; et depuis lors il n'est personne qui ait osé soutenir les assertions de Pinkerton, dont Colebrooke s'était beaucoup trop ému, et qui voulaient faire des Védas des livres fabriqués par les brahmanes dans des temps assez modernes, absolument comme on a prétendu aussi que les poésies de Virgile et d'Horace avaient été fabriquées par des moines durant notre moyen-âge. Quant au second point, la chronologie des Védas, Colebrooke, s'appuyant sur des calendriers liturgiques, ou yotishs, joints aux Védas, démontrait que la position des astres indiquée par ces documents remontait au XIVe siècle avant l'ère chrétienne ; et ainsi la composition des Védas était nécessairement antérieure à cette époque reculée. Depuis, on a pu contester avec raison l'interprétation des divers passages des yotishs et des Védas que citait Colebrooke; mais sa conclusion n'en est pas moins juste, et j'essaierai de faire voir, dans la suite de ce travail, que la date assignée par lui, loin d'être exagérée, peut être regardée comme une sorte de minimum. A défaut de l'astronomie indienne, qu'on peut suspecter, même quand c'est un Colebrooke qui l'interprète, la philologie peut donner des preuves péremptoires par l'examen comparatif de la langue dans laquelle sont écrits les Védas, et de celle des monuments qui leur ont succédé dans la littérature sanscrite.

Chose bizarre! après s'être donné tant de peine, et une peine si heureuse et si féconde, Colebrooke se repentait presque de tant d'efforts et de succès; et voici comment il terminait son mémoire :

« La description qui précède peut servir à donner « quelque idée des Védas. Ils sont trop étendus pour « qu'on puisse les traduire tout entiers; et ce qu'ils ren- « ferment ne vaudrait pas la peine que le lecteur aurait à » prendre, et encore bien moins celle du traducteur. « L'ancien dialecte dans lequel ils sont écrits, et surtout « celui des trois premiers Védas, est extrêmement difficile « et obscur; et quoique curieux, puisqu'il est la source « d'une langue plus polie et plus raffinée, le sanscrit clas- « sique, ses difficultés empêcheront longtemps qu'on étu- « die et qu'on connaisse le Véda tout entier, comme il le « faudrait pour extraire de ces volumineux ouvrages tout « ce qu'ils contiennent de remarquable et d'important; « mais à l'occasion, ils méritent bien d'être consultés par « les orientalistes. »

Ces prédictions peu encourageantes de Colebrooke ne s'accomplirent qu'à moitié : il fallut de longues années aux philologues pour apprendre le sanscrit et particulièrement le dialecte védique; mais ils ne renoncèrent point à publier les Védas et à les traduire. En 1830, Fréd. Rosen donnait un spécimen du *Rig-Véda* avec une traduction latine; et dès lors il fut décidé, pour tous les juges compétents, que les difficultés signalées par Colebrooke n'étaient pas insurmontables. Une mort prématurée et bien regrettable est venu briser l'entreprise de Rosen; et, en 1838, le soin pieux de ses amis n'a pu donner au monde savant qu'un monument incomplet laissé par l'infortuné jeune homme. Mais cet ouvrage inachevé est un chef-d'œuvre et un modèle; il ne comprend que le premier livre ou ashtaka du Rig-Véda, texte et traduction, avec des notes qui ne vont pas au-delà des quarante premiers hymnes. Mais ces notes, quelque courtes qu'elles soient, et cette traduction fidèle dans ses moindres détails, élégante, pleine de goût autant que d'exactitude, attestent la plus parfaite intelligence du texte. Rosen avait fait usage des commentaires et en particulier de celui de Sâyana; il avait lu avec le plus grand fruit les deux glossaires du Nighantou et du Niroukta, qu'on connaissait alors à peine de nom; et les explications qu'il en avait tirées donnaient à l'interprétation de ces livres antiques une certitude absolument incontestable. La route était frayée; les successeurs de Rosen, plus heureux que lui, n'avaient qu'à la suivre et à l'achever.

A peu près à la même époque que Rosen, M. Stevenson, qui devait publier plus tard le Sâma-Véda, donnait, vers 1833, quelques hymnes du Rig-Véda, et il y joignait une traduction anglaise, avec des fragments des commentateurs.

Depuis lors, les travaux se sont multipliés d'année en année; et à l'heure qu'il est, trois Védas sur quatre ont trouvé des éditeurs et des traducteurs dont les publications, dès longtemps commencées, ne tarderont point à être complètes. L'Atharvana est le seul dont on n'ait point encore tenté l'édition ; mais tout porte à croire que cette lacune sera bientôt comblée; et l'orientaliste qui en a déjà donné un livre dans le recueil de M. Albrecht Weber, intitulé Etudes indiennes (1), se chargera sans doute de la remplir. C'est une requête que je me permets d'adresser à M. le docteur S.-F. Aufrecht, et qui, d'après le témoignage de M. Weber, pourrait être adressée aussi à M. G. Bardelli, de Pise. Mais je me trompe; voilà que M. Roth, de concert avec M. W. Whitney, des Etats-Unis, annonce une édition prochaine de l'Atharvana (voir Indische Studien, tome II, p. 320). Ainsi les quatre Védas seront bientôt publiés, commentés et traduits. La publication de l'Atharvana est d'autant plus désirable qu'il est, avec le Rig-Véda, le plus important, sans même parler de ses Oupanishads, comme l'a très-bien montré M. Rudolph Roth dans son petit ouvrage sur la Littérature et l'histoire du Véda, qui complète si heureusement sur une foule de points très-intéressants les recherches de Colebrooke lui-même (2).

(1) *Indische Studien, in zwanglosen Heften, Erster Band*, Berlin, 1850, in-8°. Ce volume, rempli de travaux intéressants, fait désirer bien vivement la continuation du recueil. Le second volume a paru en 1853; et il n'est pas moins curieux que l'autre. Le premier cahier du troisième a été récemment publié.

(2) *Zur Litteratur und Geschichte des Veda, drei Abhandlungen*, von Rudolph Roth, doctor der philosophie, Stuttgart, 1846, in-8°. M. Roth entend par la littérature du Véda l'ensemble des travaux philologiques qu'ont faits les brahmanes sur les livres saints à toutes les époques. Colebrooke n'en avait dit que quelques mots. M. Roth a pénétré profondément dans ce sujet, encore très peu connu et très-obscur.

La Samhitâ ou collection proprement dite du *Rig-Véda* comprend un millier d'hymnes (1017), plus ou moins longs, et elle forme environ onze mille slokas ou distiques. C'est la plus étendue des Samhitâs ; et il n'y a guère que celle de l'Atharva-Véda qui en approche.

Outre la Samhitâ, le *Rig-Véda* se compose de deux Brâhmanas appelés, comme je l'ai déjà dit, Aitareya Brâhmana (1), et Kaoushitaki Brâhmana. A chacun de ces Brâhmanas est joint un supplément appelé Aranyakam, c'est-à-dire : « Livre qui doit être lu dans la forêt, par les sages retirés dans la forêt, » les hylobioi de Mégasthène. L'Aitareya Aranyakam compte cinq livres ; le Kaoushitaki Aranyakam en a trois ; si toutefois nous l'avons complet. On a tiré de ces Brâhmanas des Oupanishads souvent citées, l'Aitareya oupanishad, Kaoushitaki oupanishad, etc. Il y a encore d'autres Oupanishads moins célèbres qu'on rattache au *Rig-Véda*, si j'en crois l'oupnékat d'Anquetil-Duperron ; mais Colebrooke ne parle pas de ces derniers ouvrages, et jusqu'à présent on ne s'en est pas occupé. Quand je joins les deux Brâhmanas que je viens de nommer à la Samhitâ du *Rig-Véda*, c'est pour me conformer à la tradition indienne. Les Brâhmanas, d'après l'école orthodoxe, par excellence, la Mîmânsâ, font partie des Védas ; tous les commentateurs sont d'accord sur ce point. Mais il y a de telles différences entre les hymnes du *Rig-Véda* et ses brâhmanas, comme on pourra le voir, qu'il me semble impossible de réunir des œuvres si disparates

(1) Le texte d'une partie de l'Aitareya a paru dans le 7e volume de la *Bibliotheça indiana*, publiée par le docteur Roër, à Calcutta, et la traduction de ce morceau est dans le t. XV, n° 41. Le Kaoushitaki Brâhmana est analysé par le docteur Weber dans le 2e volume de ses *Indische studien*, p. 288 et suiv.

en une seule, et de confondre sous un même nom les inspirations les plus hautes de la poésie et les légendes les plus bizarres, et parfois les plus absurdes, racontées dans le style le plus humble et le plus naïf. M. Wilson soutient, contre les Pandits eux-mêmes, que l'Aitareya Brâhmana ne fait point partie du *Rig-Véda*, et qu'il ne doit point compter dans l'Ecriture sacrée (1). Je serais volontiers de cet avis, que partageront tous ceux qui liront les Mantras et les Brâhmanas du *Rig-Véda ;* et je crois, comme M. Wilson, qu'il vaut mieux suivre le bon sens plutôt que la tradition.

Ce qui donne au *Rig-Véda* une importance capitale, c'est que les autres Védas lui ont fait des emprunts considérables. Le Sâma-Véda tout entier, sauf peut-être quelques vers, est extrait de ce Véda, et je dirai un peu plus loin comment il en est extrait. La Vâdjasaneya Samhitâ du Yadjour-Véda en a pris la moitié de ses prières ; et l'Atharva-Véda, tant en hymnes entiers qu'en strophes, y a puisé le tiers environ de tout ce qu'il renferme. Ainsi, sans le *Rig-Véda*, les autres Védas ne seraient pas : et il est leur source commune (2). L'on comprend, du reste, aisément que l'inspiration religieuse des poètes ait devancé de

(1) *Journal of the royal Asiatic Society of Great Britain and Ireland*, 1851, p. 100 et suiv.

(2) On peut voir dans les *Indische studien* du docteur Weber, t. II, p. 321 et suiv. une concordance fort intéressante des quatre Védas, faite par M. W. D. Whitney, des Etats-Unis. On peut voir d'un coup d'œil, grâce à cette table, tous les emprunts que les trois autres Védas ont faits au Ritch. Je rappelle à cette occasion ce que j'ai dit un peu plus haut sur la publication générale des Védas. M. W. D. Whitney, de concert avec le docteur Roth, va publier prochainement l'Atharva-Véda, le seul qui n'eût point encore trouvé d'éditeur.

longtemps le rituel et l'organisation du culte dont elle fournissait les formules et les chants. Les hymnes, dans le *Rig-Véda*, sont généralement complets, ou du moins ils ont la prétention de l'être. Le Sâma-Véda et le Yadjour-Véda ne donnent le plus souvent que des vers détachés, sans autre liaison entre eux que l'idée qui les rattache à un même détail du sacrifice. Il est bien possible, comme le remarque M. Roth (1), que la collection du Sâman et celle du Yadjoush, soit plus ancienne que celle du Ritch, et que les besoins du culte aient exigé qu'on recueillît les formules indispensables à la cérémonie sainte avant qu'on ne songeât à recueillir les œuvres poétiques d'où on les avait tirés. Mais il n'en reste pas moins évident que les hymnes du *Rig-Véda* sont très-antérieurs aux rituels; et ils doivent passer pour les parties les plus anciennes, sans contredit, de tous les Védas. Jusqu'à preuve contraire, et cette preuve ne viendra jamais, il faut regarder comme un fait incontestable que le *Rig-Véda*, dans ce qui le forme essentiellement, c'est-à-dire dans ses Mantras ou prières, est le plus vieux de tous les monuments védiques, bien qu'on puisse distinguer dans le *Rig-Véda* lui-même des époques et des manières très-différentes.

Cette priorité du *Rig-Véda* est cause sans doute qu'il a excité toujours plus d'intérêt que les autres, et qu'il a provoqué plus de travaux. Quatre ou cinq éditeurs ont essayé ou essaient encore d'en donner le texte : Rosen, M. Stevenson, le docteur Roër, le docteur Max-Muller : autant de traducteurs à peu près se sont efforcés de nous le faire connaître ; d'abord Rosen en latin, puis M. Stevenson, M. Wilson en anglais, et enfin M. Langlois, qui a seul aujourd'hui la gloire d'avoir mené son entreprise à

(1) *Zur Litteratur, etc.*, p. 11.

fin, et dont la traduction complète a été l'occasion spéciale de ce travail sur les Védas. L'ouvrage de M. Max-Muller ne comprend encore qu'un seul volume renfermant le premier ashtaka ou huitain; sur le plan adopté, il n'aura pas moins de huit volumes de texte, y compris le commentaire de Sâyana. La compagnie des Indes orientales s'est fait un point d'honneur de publier à ses frais exclusivement cette magnifique édition; elle a eu surtout en vue ses sujets de l'Inde, auxquels elle veut procurer un texte correct et commode du livre sacré; la politique n'a jamais inspiré de pensée plus libérale ni plus généreuse. M. le docteur Max-Muller annonce, à côté de cette édition, toute en sanscrit, un mémoire qui s'adressera plus particulièrement aux savants de l'Europe. Depuis quatre ans à peu près, ce commentaire n'a pas encore paru; et certainement il jettera un très-grand jour sur les questions si nombreuses et si intéressantes que soulève le *Rig-Véda*.

Les hymnes de la Samhitâ du *Rig-Véda* se divisent de deux manières différentes, ou en ashtakas ou en mandalas: les ashtakas au nombre de huit, comme leur nom même l'exprime; les mandalas, au nombre de dix. La division par ashtakas se retrouve dans tous les manuscrits; Rosén, M. Max-Muller, M. Langlois, M. Wilson, l'ont adoptée. La division par mandalas, qui paraît la plus ancienne est celle de l'Anoukramani, ou index canonique du *Rig-Véda*; elle est la seule que connaissent le Niroukta et les traités grammaticaux appelés Prâtisâkhya Soutrâni, antérieurs au Niroukta lui-même (1). C'est la division originale; et elle acquiert par là une importance décisive. La division par ashtakas répond, à ce qu'il semble, aux be-

(1) C'est celle qu'adopte M. Whitney dans sa table des concordances dont j'ai parlé plus haut dans la note 1 de la page 41. Voir plus loin l'article sur l'Epoque des Védas.

soins seuls de l'enseignement religieux. On partage chaque lecture, dans chacun des ashtakas, de manière qu'elle soit de cent cinquante vers à peu près. Le maître lit à ses disciples deux ou trois distiques à la fois; le disciple les répète, et cet exercice se renouvelle cinquante ou soixante fois pour une leçon. Cet arrangement n'a pu être adopté évidemment que dans des temps postérieurs. Il est tout matériel et n'a pour objet que de faciliter la lecture du livre sacré. La division par mandalas se propose un but plus élevé et plus critique; elle classe les hymnes par auteurs, par familles d'auteurs. Parfois, elle les classe par les divinités auxquelles ils s'adressent; et par exemple, le neuvième mandala tout entier ne contient que des hymnes à Soma, la liqueur du sacrifice, dont on a fait un Dieu. On a relégué dans le dixième et dernier mandala une foule d'hymnes que la tradition consacrait comme les autres, mais dont les sujets spéciaux et les formes plus récentes exigeaient une classe à part. Il y a donc dans la division par mandalas un ordre régulier et systématique, et l'on voit sans peine qu'elle a été l'œuvre du premier collecteur du *Rig-Véda*, Vyâsa ou tout autre. Dans le recueil ainsi constitué, on a fait plus tard et sans changer la succession ni le nombre des hymnes, des sections plus commodes et plus égales; car les huit ashtakas sont chacun à peu près de même longueur; mais cette seconde disposition du texte laissait subsister l'autre, et je crois que les éditeurs et les traducteurs feraient bien de les donner toutes les deux concurremment. M. Langlois a eu le soin d'indiquer dans ses notes le point où commence et le point où finit chacun des mandalas. Il aurait pu introduire ces concordances dans le texte de sa traduction.

Mais j'ai hâte de quitter ces questions de philologie et de critique historique pour arriver au *Rig-Véda* lui-même.

Tous les hymnes du *Rig-Véda* ont un caractère religieux, sauf très-peu d'exceptions. La moitié à peu près s'adresse au dieu du feu, Agni (l'*ignis* des latins), et à Indra, le dieu du ciel, le plus grand et le plus puissant des dieux. L'autre moitié s'adresse à des dieux inférieurs : Vayou, dieu du vent; Varouna, dieu de l'eau ; les Asvins, dieux jumeaux qui ressemblent assez à Castor et à Pollux, tantôt sur un char, tantôt sur un vaisseau; les Marouts, dieux des airs, portés sur un char brillant que traînent des biches, armés d'un fouet, et couverts d'armes éclatantes. D'autres hymnes, qui peuvent compter parmi les plus beaux, célèbrent les grands phénomènes de la nature, le soleil et surtout l'aurore, la nuit, le ciel et la terre, les fleuves, etc. Quelques hymnes, en très-petit nombre, présentent des idées métaphysiques, au milieu d'une mythologie toute naturaliste qui semble déjà très-développée. Enfin, d'autres hymnes sont des invocations en quelque sorte personnelles, et parfois des formules d'incantations pour rappeler un mort à la vie, pour recouvrer la santé perdue, pour faciliter l'accouchement d'une femme enceinte, pour faire périr une rivale, pour chasser le sommeil, pour donner la victoire, pour sacrer un roi, etc. Tantôt c'est un épithalame pour les noces d'une princesse ou d'une déesse; tantôt c'est l'éloge de la Libéralité ou de la Bienfaisance, dont l'auteur, par une coïncidence factice, est un bhikshou, c'est-à-dire un mendiant; tantôt c'est une apostrophe à la Voix sainte, à l'Arbre de la science sacrée, aux instruments de sacrifice et spécialement aux Mortiers de pierre où l'on broie le jus du soma. Mais les hymnes de ce dernier genre, relégués à la fin du *Rig-Véda*, sont en quelque sorte des hors-d'œuvre, et font un contraste frappant avec les autres.

Pour bien faire connaître le *Rig-Véda*, je donne plusieurs hymnes de ces diverses espèces, et je commence par ceux qui me semblent exprimer les idées les plus anciennes.

Voici d'abord un hymne à Agni, que je choisis parmi deux cent cinquante autres, comme l'un des plus simples et des plus dégagés des obscurités mythologiques (1).

RIG-VÉDA.

Section V, Lecture II, Hymne 9 (2). — Vasishtha, rishi (3); Trishtoubh (4), mètre.

A AGNI.

Tel que l'amant de l'aurore, Agni élargit ses rayons; il développe tous ses feux; pur, fécond, lumineux, resplendissant, il est venu à la prière de ses adorateurs qui l'invoquent.

Tel que le soleil, Agni a brillé avec l'aurore qui nous ramène le jour; et pendant que les prêtres préparent la prière, lui, il

(1) Je dois avertir que les traductions que je donne sont nouvelles, en général; mais je me suis aidé avec beaucoup de profit d'abord de celle de M. Langlois, puis de celles de Rosen, de Colebrooke, de M. Stevenson, de M. Weber, de M. Benfey. Il faut lire aussi le travail intéressant de M. Nève sur le *Rig-Véda*. M. Nève y a fait connaître quelques-uns des hymnes du premier ashtaka que je reproduis moi-même ici.

(2) Langlois, t. III, p. 142.

(3) Rishi veut dire en sanscrit « le Voyant. » J'ai préféré conserver ce mot, qui rappelle trop d'idées spéciales pour qu'on puisse le remplacer par un autre. Rosen le traduit par *auctor;* et M. Langlois, par *auteur.*

(4) La trishtoubh est un vers composé de 44 syllabes qu'on divise en quatre ou cinq lignes. Voy. Colebrooke, *On Sanscrit and Pracrit poetry, Essays*, t. II, p. 152, 153 et 160; *Grammaire de M. Wilson*, seconde édition, p. 437.

apprête le sacrifice; car Agni est la déité sage qui se fait le messager bienfaisant entre les mortels et les dieux.

Aussi les prières et les méditations saintes s'élèvent vers les dieux; elles s'élèvent vers Agni qu'elles supplient dans leur ardeur; vers Agni, l'hôte agréable, l'hôte charmant, le porteur généreux des offrandes.

O Agni ! conduis vers nous Indra avec les Vasous; réunis à lui le puissant Roudra avec les Roudras, Aditi qui enfante tous les êtres avec les Adityas, le riche Vrihaspati avec les poètes qui chantent les dieux protecteurs.

Les peuples célèbrent au milieu des sacrifices Agni qui fait notre joie, Agni le prêtre toujours jeune qui nous donne le feu; car c'est lui qui, le matin et le soir, a toujours été le messager infatigable qu'emploient les hommes opulents pour s'adresser aux dieux.

Le ton de cet hymne est très-doux, comme on le voit; et le dieu du feu n'est, en général, invoqué que dans ses effets bienfaisants. Agni est l'intermédiaire entre les dieux et les hommes; il est le ministre du sacrifice qui, sans lui, ne pourrait être offert ni produire ses résultats féconds. L'homme, dans sa piété, n'a jamais qu'à le bénir ou à le remercier.

Le culte d'Indra présente un caractère différent. Indra est le dieu qui porte la foudre; il est le dieu clément; mais il peut devenir aussi le dieu redoutable. Il a terrassé d'implacables ennemis; et ses victoires, si elles ont rassuré le monde, peuvent aussi le faire trembler. Je citerai quatre hymnes où l'on retrouve ces nuances diverses.

RIG-VÉDA.

Section I, Lecture I, Hymne 9 (1). — Madhoutchhanda, rishi ; Gayatri (2), mètre.

A INDRA.

O Indra ! viens à ce sacrifice ; savoure les mets et toutes les libations que nous t'offrons, dieu grand, dieu victorieux dans ta splendeur et ta force. Répandez du vase apprêté par vous cette boisson qui réjouit Indra, notre joie ; répandez cette boisson puissante en l'honneur d'un dieu tout puissant. Savoure, ô Sousipra, dieu au noble visage, les hymnes qui doivent te réjouir et te flatter. Roi de tous les humains, amène les autres dieux à nos sacrifices. O Indra ! j'ai versé avec les libations ces chants qui te célèbrent ; ils ont monté vers toi, qui es maître de combler tous nos vœux, et tu les as reçus. Réunis pour nous ces biens si divers que l'homme peut souhaiter, ô Indra ; ils sont en toi avec une suffisante, avec une merveilleuse abondance. Conduis-nous heureusement, ô Indra, à la richesse que nous désirons ; ô le plus puissant des dieux, conduis-nous à la gloire. Conserve-nous, ô Indra, durant notre vie entière, les bienfaits de nombreux troupeaux et d'une nourriture féconde que rien ne puisse nous ravir. Donne-nous l'éclat et la fortune avec tous ses dons, ô Indra, que transportent sous mille formes les brillants chariots. Oui, nous invoquons dans nos hymnes Indra, le riche souverain de la richesse ; il aime nos chants, il vient nous défendre, et le père de famille qui célèbre le sacrifice avec ces libations, dès longtemps apprêtées, chante la gloire puissante du grand Indra devenu l'hôte de sa maison.

(1) M. Langlois, t. 1, p. 14; Rosen, p. 12.

(2) La Gayatri, l'un des mètres les plus célèbres et les plus fréquemment employés, est, dans le Véda, un vers de vingt-quatre syllabes, qu'on sépare d'ordinaire en trois lignes de huit syllabes. Voy. Colebrooke, *loc. cit. Essays*, t. II, p. 182 et 159, et *Grammaire de M. Wilson*, p. 435.

Le second hymne n'est encore qu'une prière, où le refrain, bien qu'un peu monotone, ne laisse pas que d'avoir de l'onction et de la grâce.

RIG-VÉDA.

Section I, Lecture II, Hymne 9 (1). — Sounahsépa, rishi; Pankti (2), mètre.

Dieu sincère, Dieu qui bois le soma, tout indignes que nous sommes de la gloire, viens, ô Indra, toi qui es riche de tant de trésors, viens nous donner la gloire que procurent des milliers de belles vaches, des milliers de beaux chevaux.

O Dieu au charmant visage, maître des aliments où nous puisons la force, Dieu sage et puissant, viens, ô Indra, toi qui es riche de tant de trésors, viens nous donner la gloire que procurent des milliers de belles vaches et des milliers de beaux chevaux.

Assoupis les deux funestes messagers d'Yama (3) qu'on voit toujours marcher ensemble : qu'ils dorment sans se réveiller. Viens, ô Indra, toi qui es riche de tant de trésors, viens nous donner la gloire que procurent des milliers de belles vaches, des milliers de beaux chevaux.

Qu'ils dorment, ceux qui n'ont point de présents à faire; qu'ils veillent, ô dieu héroïque, ceux qui apportent des présents. Viens, ô Indra, toi qui es riche de tant de trésors, viens nous donner la gloire que procurent des milliers de belles vaches, des milliers de beaux chevaux.

Frappe de mort, ô Indra, celui qui, comme l'âne, ose élever, pour te chanter, une voix coupable. Viens, ô Indra, toi qui es

(1) M. Langlois, t. I, p. 49; Rosen, p. 46.

(2) La Pankti, est un vers de quarante syllabes.

(1) Yama, dieu de la mort. Il a pour messagers deux chiens au poil fauve, aux larges naseaux, à la respiration forte. *Rig-Véda*, section VII, lecture VII, Hymne 9; trad. de M. Langlois, t. IV, p. 153.

riche de tant de trésors, viens nous donner la gloire que procurent des milliers de belles vaches, des milliers de beaux chevaux.

Que l'orage aille loin de nous tomber sur la forêt, par les chemins tortueux qu'il suit. Viens, ô Indra, toi qui es riche de tant de trésors, viens nous donner la gloire que procurent des milliers de belles vaches, des milliers de beaux chevaux.

Tue celui qui nous insulte de ses cris; donne la mort à l'ennemi qui menace notre tête. Viens, ô Indra, toi qui es riche de tant de trésors, viens nous donner la gloire que procurent des milliers de belles vaches, des milliers de beaux chevaux.

Dans le troisième hymne, c'est une des victoires d'Indra que célèbre le poète sacré. Indra, la foudre à la main, tue Vritra, le dieu inférieur et malfaisant, qui retenait les eaux captives et ôtait à la terre sa fertilité. Indra frappe les nuages, et les ondes s'épanchent en torrents pour apporter aux hommes l'abondance et la richesse. C'est un chant de guerre que le rishi fait entendre et comme une fanfare belliqueuse pour saluer le courage et le retour du vainqueur. Je ne tâcherai point d'expliquer les détails mythologiques de cet hymne; dans l'état actuel des études védiques, il serait fort difficile d'en rendre un compte satisfaisant. Ce que je viens de dire suffit pour que ce morceau soit parfaitement intelligible. Vritra est le nuage personnifié, l'adversaire qu'immole Indra d'un coup de son tonnerre.

RIG-VÉDA.

Section I, Lecture II, Hymne 13 (1). — Hiranyastoupa, rishi ; Trishtoubh, mètre.

A INDRA.

Je veux chanter maintenant les exploits d'Indra, les exploits qu'a jadis accomplis le dieu qui porte la foudre. Il a frappé Ahi; il a fait couler les eaux; il a partagé les torrents des montagnes.

Il a frappé Ahi, qui se tenait près de la montagne; Tvashtri lui avait forgé le trait redoutable dont il l'a foudroyé; et les eaux, telles que des vaches qui s'élancent vers l'étable, coulaient à flots précipités vers l'Océan. Impétueux comme le taureau, Indra se jetait sur notre soma; et, dans le triple sacrifice, il buvait la liqueur préparée pour lui. Cependant Maghavan a saisi la foudre; et, du trait qu'il darde, il tue ce premier-né des nuages, des Ahis. O Indra, dès que tu as frappé ce premier-né des nuages, aussitôt tu as dissipé les enchantements de ces enchanteurs. Puis, dévoilant le soleil, le ciel et l'aurore, tu n'as plus trouvé d'ennemi devant toi.

Oui, Indra frappa Vritra, le plus sombre de ses ennemis; il lui brisa les épaules de sa foudre; le coup fut terrible; et, pareil aux arbres coupés par la hache, Ahi gisait étendu sur la terre. L'insensé, comme s'il ne pouvait avoir de rival, enflé d'un fol orgueil, il osait provoquer le dieu fort, le dieu vainqueur qui immola tant d'ennemis; mais Ahi n'a pu éviter de grossir le nombre de ses victoires homicides, et l'ennemi d'Indra a fait enfler les rivières. Sans pieds, sans mains, il insultait encore Indra. Indra le frappe de sa foudre sur la tête; et Vritra, cet eunuque qui affectait une fausse virilité, tombe déchiré en lambeaux. Les ondes qui nous charment le submergent comme les digues rompues d'un fleuve débordé; et ces eaux, que Vritra

(1) M. Langlois, tom. I, p. 56; Rosen, p. 54.

dans son immensité avait embrassées et retenues, il est maintenant gisant à leur pied.

La mère de Vritra s'abaissait pour défendre son fils; Indra lui porte en dessous le coup mortel. La mère tombe par-dessus le fils, qui reste sous elle; Dânou est étendue près de lui comme la vache avec son veau. Le cadavre de Vritra, balotté au milieu des ondes, qui ne s'arrêtent jamais et sont toujours agitées, n'est bientôt plus qu'une chose sans nom; les eaux le noyent à jamais, et l'ennemi d'Indra s'endort dans les ténèbres éternelles. Les ondes, retenues captives, gardées par l'ennemi, restaient emprisonnées comme des vaches timides sous la main de Pani; le dieu, après avoir tué Vritra, ouvre la caverne où les eaux demeuraient enfermées. Comme la queue du cheval dissipe les insectes, tel, ô Indra! tu étais alors quand ce dieu malfaisant cherchait à te frapper de son arme. Mais, ô héros! tu remmenais les vaches délivrées par toi; tu venais reprendre nos libations et notre soma, et tu lâchais les sept fleuves que tu faisais couler. Ni l'éclair, ni la foudre, ne purent arrêter Indra; ni la pluie, ni le tonnerre lancés par ce vil ennemi au moment où combattaient Indra et Ahi. Maghavan triompha des enchantements et des piéges. Pouvais-tu voir un autre que toi vainqueur d'Ahi, ô Indra! puisque, même après l'avoir abattu, la crainte entrait encore dans ton âme? car tu ne traversais qu'en tremblant, rapide comme l'épervier, les quatre-vingt-dix-neuf torrents formés par les eaux.

C'est qu'Indra, roi du monde qui se meut et du monde qui est immobile, roi du troupeau docile qui porte des cornes, dieu armé de la foudre, est aussi le roi des humains dont il habite la demeure; c'est qu'Indra embrasse toutes choses, comme le cercle d'une roue en embrasse les rayons.

Le quatrième hymne à Indra s'élève encore plus haut que celui-ci: c'est le dieu dans toute sa force et dans toute sa douceur; c'est le dieu puissant et plein de clémence, le dieu qui châtie les méchants et qui protége les bons. Ce n'est pas encore le dieu moral, mais il est assez près de l'être. L'expression est remplie de grandeur; et le refrain, simple et concis comme il l'est, a quelque chose de majestueux et de triomphal.

RIG-VÉDA.

Section II. Lecture VI, Hymne 4 (1), — Gritsamada, rishi; Trishtoubh, mètre.

A INDRA.

Le dieu qui est né le premier; le dieu qui, justement honoré, a embelli de ses œuvres les autres dieux; celui dont la force et la grandeur infinies font trembler la terre et le ciel, ce dieu-là, peuples, c'est Indra!

Le dieu qui a consolidé la terre ébranlée, qui a frappé les nuages irrités, qui a étendu l'espace de l'air rendu plus vaste, qui a raffermi les cieux, ce dieu-là, peuples, c'est Indra!

Le dieu qui, après avoir tué Ahi, a fait couler les sept fleuves, qui a délivré les vaches prisonnières de Bala, qui, entre deux nuages, a enfanté Agni, qui est si redoutable dans les combats, ce dieu-là, peuples, c'est Indra!

Le dieu par qui vivent tous les êtres, qui a renvoyé le lâche ennemi dans sa caverne ténébreuse, qui, vainqueur d'innombrables ennemis, s'empare de leurs dépouilles comme le chasseur de sa proie, ce dieu-là, peuples, c'est Indra!

Le dieu dont les ennemis se demandent : où est-il? et se disent en le voyant si redoutable : Ce n'est pas lui; ce dieu vainqueur, ce dieu fécond, qui terrasse ses adversaires, donnez-lui votre foi, ce dieu-là, peuples, c'est Indra!

Le dieu qu'implore la prière du riche, qu'implore la prière du pauvre, à qui s'adresse le brahmane dans ses invocations, à qui s'adresse le poëte dans ses chants; ce dieu à la noble face, qui

(1) Langlois, t. I, p. 461.

reçoit le soma pressé pour lui, ce dieu-là, peuples, c'est Indra!

Le dieu à qui appartiennent les coursiers, les champs féconds, les vaches; à qui appartiennent les villes et les chars remplis de richesses; le dieu qui a produit le soleil et l'aurore, qui conduit les eaux, ce dieu-là, peuples, c'est Indra!

Le dieu qu'insultent les clameurs des armées de nuages ses ennemis, les uns au-dessus, les autres au-dessous du ciel; celui que les Asvins portés sur un même char appellent à cris répétés, ce dieu-là, peuples, c'est Indra!

Le dieu par qui les peuples obtiennent la victoire, que les guerriers dans les combats invoquent à leur secours; celui qui a été le modèle de l'univers; celui qui anime les êtres inanimés, ce dieu-là, peuples, c'est Indra!

Le dieu qui n'emploie sa puissance qu'à frapper sans cesse le méchant et l'impie; celui qui ne pardonne jamais à l'insolence dédaigneuse; celui qui tue le Dasyou, ce dieu-là, peuples, c'est Indra!

Le dieu qui a immolé Sámbara dans les nuages qu'il habitait, quand nous faisions notre quatrième libation; celui qui a frappé à mort l'enfant de Dânou, Ahi, que nous voyions incessamment grossir, ce dieu-là, peuples, c'est Indra!

Le dieu, orné de sept rayons, le dieu généreux et rapide, qui a fait couler les sept fleuves; celui qui, la foudre à la main, a terrassé Rohin escaladant le ciel, ce dieu-là, peuples, c'est Indra!

Le dieu devant qui s'inclinent avec vénération le ciel et la terre, devant qui frémissent les montagnes; celui qui, après avoir bu le soma, sent ses forces s'accroître et s'arme de la foudre qu'il porte dans sa main puissante, ce dieu-là, peuples, c'est Indra!

Le dieu qui accueille les libations, les offrandes, les hymnes, les prières; le dieu qui protége les pieux mortels; celui que fortifient nos sacrifices, que fortifie notre soma, que fortifient nos présents, ce dieu-là, peuples, c'est Indra!

A l'homme qui te fait des libations et des offrandes, ô dieu invincible ! tu accorderas la richesse, car tu es juste; et nous, ô Indra ! puissions-nous sans cesse, aimés de toi et dans l'abondance que tu nous assures, t'offrir tous les jours notre sacrifice.

Tel est en général, le style du *Rig-Véda ;* les hymnes qui précèdent peuvent en donner une assez juste idée. Sans doute je les ai choisis ; mais s'ils sont les plus beaux, l'accent qu'on y trouve ne leur est pas particulier. Tous les autres, presque sans exception, ont la même élévation, la même simplicité. Ce qui distingue ceux-ci peut-être parmi le reste, c'est que les illusions mythologiques sont assez peu fréquentes et que le goût y demeure plus pur, parce qu'on y a moins souvent recours aux métaphores que fournit et explique la tradition. Sauf quelques points, qui demeurent obscurs, la pensée y est aussi claire qu'elle est énergique, et l'on sent partout l'inspiration sincère du poète et l'émotion qui le transporte. J'ajoute, pour ceux qui ne peuvent lire l'original, que la perfection des vers répond à la grandeur des sentiments et à l'éclat des images. Comme le sanscrit dispose de l'inversion plus librement encore que le grec et le latin, le poète peut, à son gré, produire, par l'agencement des mots, tous les effets qu'il désire. Les Rishis indiens ne se sont pas fait faute d'user de toutes les richesses que leur offrait leur langue, et l'on peut dire, sans exagérer l'éloge, que leur habileté en fait de rhythmes est consommée. Je ne crois pas que dans les odes de Pindare ou celles d'Horace, que dans les chœurs d'Eschyle, de Sphocle ou d'Euripide, l'art ait jamais été poussé plus loin. Le goût, en général, y est moins délicat et moins parfait; je ne veux pas le nier ; mais quand le poète ne s'égare pas dans des pensées fausses et bizarres, la langue qu'il emploie est aussi savante que celle des poètes grecs et latins; elle est aussi noble, aussi colorée, aussi vive. Je désire qu'on puisse s'en apercevoir, même au travers de la traduction. Colebrooke a dit avec raison que le dialecte védique était inculte, si on le compare au sanscrit classique; mais c'est seulement au point de vue de la grammaire; la langue elle-même est moins formée, elle est moins régulière et l'on voit qu'elle se cherche encore; mais sous le rapport de la poésie, le génie indien n'a jamais rien fait de supérieur; je ne sais même pas s'il a jamais égalé les beautés qu'il a parfois trouvées dans le *Rig-Véda*.

La démonstration de ceci sera complète, je le suppose, si l'on joint aux hymnes qui précèdent d'autres hymnes au soleil et à l'aurore. En voici quatre que je prends à peu près au hasard dans une vingtaine que je pourrais tout aussi bien citer comme témoignage. On remarquera que la fin du premier de ces hymnes détonne un peu. Le poète, après avoir loué en termes magnifiques le Dieu splendide qui éclaire l'univers, abaisse ses regards sur sa propre personne, et il demande à l'astre bienfaisant de le guérir du mal qui le dévore. Cette préoccupation de soi, étroite et peu poétique, est assez rare dans le *Véda*. Elle ne manque pas ici d'un certain charme; mais on n'attendait pas en ce lieu un retour du poète sur lui-même; d'ailleurs, l'idée superstitieuse qu'il exprime n'est pas spéciale à l'Inde, et on la retrouverait aisément chez bien d'autres peuples.

RIG-VÉDA.

Section I, lecture II, hymne 4 (1). — Pascanva, rishi ; Gayatri et Anoushtoubh (2), mètre.

AU SOLEIL.

Voici que les rayons de la lumière annoncent, à la vue de l'univers entier, le Dieu qui sait tout, le soleil. Les étoiles disparaissent, comme des voleurs, avec les ombres de la nuit, devant ce soleil qui vient tout éclairer. Ses rayons regardent toutes les créatures, étincelants comme des feux.

Tu passes, tu te montres aux yeux de tous les êtres; tu fais la lumière, ô soleil, et tu remplis l'air de ta splendeur; tu te lèves devant le peuple des dieux, devant les hommes, devant le ciel entier pour que tous te voient et t'admirent. De cette même clarté, ô dieu purifiant, dieu protecteur dont tu couvres la terre qui porte les hommes, tu inondes le ciel, l'air immense, faisant les jours et les nuits et contemplant tout ce qui vit. Sept cavales au poil fauve traînent le char qui te porte, ô soleil éblouissant; ta belle chevelure est couronnée de rayons, dieu qui vois tout; et le char s'avance traîné par les sept coursiers que le soleil attela de ses mains et qu'il a placés chacun sous un joug séparé.

Et nous, voyant après les ténèbres une lumière plus belle, nous venons nous prosterner devant le soleil qui brille entre tous les dieux, et qui est la plus belle de toutes les lumières. En te levant aujourd'hui, ô dieu bienfaisant, en montant au sommet des cieux, guéris, ô soleil, le chagrin de mon cœur et la pâleur de mon visage. Je jette la pâleur qui me consume aux perroquets et aux grives; je jette la pâleur qui me consume aux fleurs jaunissantes du souci. Mais voici que le fils d'Aditi s'est levé dans toute sa puissance; il peut vaincre mon ennemi; et moi je n'ai pas la force de finir le mal ennemi qui me ronge.

(1) M. Langlois, t. I, p. 94; Rosen, p. 96.

(2) L'Anoushtoubh est un vers composé de vingt-huit syllabes.

RIG-VÉDA.

Section I, lecture VIII, hymne 3 (1). — Coutsa, rishi; Trishtoubh, mètre.

AU SOLEIL.

Il a paru le splendide flambeau des dieux, l'œil de Mitra, de Varouna et d'Agni. Le soleil a rempli le ciel, la terre et l'air, âme du monde mobile et immobile. Il suit la divine, la resplendissante aurore, comme le mari suit les pas de son épouse, à l'heure où les mortels pieux, observant les temps marqués pour le sacrifice, offrent un joyeux hommage au dieu qui fait leur joie. Les chevaux du soleil, heureux, rapides, étincelants, élancés sur la route qu'ils parcourent, dignes de nos hommages, qu'ils reçoivent comme lui, ont franchi la hauteur du ciel, et dans un instant ils ont fait le tour du ciel et de la terre. Telle est la divinité du soleil; telle est son immensité. A la moitié de son œuvre, il retire la lumière qu'il répandait; et dès qu'il a dételé de son char les rapides coursiers, la nuit étend son ombre sur le monde. Puis, en présence de Mitra et de Varouna, le soleil montre encore sa splendide figure dans le milieu du ciel, et ses infatigables coursiers ramènent tantôt sa clarté puissante et infinie, tantôt l'obscurité sombre. O Dieu! en ce jour au lever du soleil, délivre-nous de toute faute honteuse; et puissent nous accorder aussi cette grâce Mitra, Varouna, Aditi, la mer, la terre et le ciel.

L'aurore est un des phénomènes naturels qui paraissent avoir le plus vivement ému et frappé le génie indien. Jamais ce réveil de la lumière et de la vie n'a rien inspiré de plus suave, et l'on peut ajouter de plus grand. L'aurore ne vient pas seulement ranimer la nature et annoncer à l'homme le retour du jour que lui accordent les dieux; elle rappelle surtout l'homme aux devoirs que la recon-

(1) M. Langlois, t. I, p. 226; Rosen, p. 240.

naissance et la piété lui imposent. Dans la religion védique, le feu du sacrifice doit être allumé trois fois chaque jour, le matin, à midi et le soir. La première invocation de la journée paraît à la fois la plus sainte et la plus douce ; les poètes sacrés n'ont pas trouvé pour elle des chants trop délicats, des images trop fraîches, des nuances trop fines. Pour ma part, je ne connais sur ce sujet rien qui dépasse les deux hymnes suivants, ni même qui les égale.

RIG-VÉDA.

Section I, lecture IV, hymne 2 (1). — Praścanva, rishi ; Vrihati (2), mètre.

A L'AURORE.

Parée de ton trésor, viens nous éclairer, aurore, fille du ciel ; apporte-nous la nourriture abondante, ô déesse splendide ! Apporte-nous les richesses, ô déesse qu'implorent nos offrandes ! Souvent les prières du matin, fécondes en coursiers, en génisses, en biens de tout genre, ont procuré aux mortels une heureuse destinée. Ne m'inspire donc que des paroles de vérité et de reconnaissance, aurore, et assure-moi le bonheur que les riches ont en partage.

Elle s'est déjà montrée souvent à nous ; la voilà qui brille aujourd'hui de nouveau, cette déesse, mettant en mouvement les chars rapides qui, à son approche, se disposent et se préparent, comme sur mer se préparent les vaisseaux avides de richesses. Aurore, parmi les poètes qui, à ta présence, recueillent leur âme pour adorer ta magnificence, c'est Kanva, le plus sage d'eux tous, qui invoque avec le plus de ferveur le nom que les humains t'ont donné. Ici, comme la mère de famille vigilante, l'aurore vient tout protéger ; elle s'avance, conduisant

(1) M. Langlois, t. I, p. 91 ; Rosen, p. 92.

(2) La Vrihati est un vers de trente-six syllabes.

chaque jour vers la vieillesse tous les êtres qui sont doués de la vie et qui marchent sur la terre ; elle donne l'essor aux oiseaux ; elle réveille l'homme diligent, comme elle réveille le pauvre ; elle n'aime point la paresse et la lenteur. Devant tes clartés, ô déesse qui nous fais vivre ! il n'est plus un être ailé qui continue de reposer.

Elle attela ses coursiers dans la région lointaine où se lève le soleil. L'heureuse aurore est venue trouver ici les humains avec ses cent chars tout remplis de richesses. A sa vue, le monde entier, frappé de respect, se prosterne, pendant que, prévoyante et sage, elle fait la lumière ; pendant que l'aurore, la fille opulente du ciel, chasse et disperse les ennemis qui nous poursuivent de leur haine. Aurore, fille du ciel, brille d'un doux éclat, nous apportant l'abondance et la richesse, resplendissante pour chacun des jours que tu fais. C'est en toi qu'est le souffle, qu'est la vie de tout ce qui respire, dès que tu parais, ô déesse bienfaisante, en ta splendeur ! Ecoute notre prière, et que ton vaste char nous amène tous les biens possédés par toi. Aurore, accepte ces mets divers qu'il convient au genre humain de t'offrir, et conduis aux cérémonies saintes les pieux mortels qui te célèbrent et te chantent dans leurs libations ; amène aussi, pour boire notre soma, tous les dieux, que tu feras descendre, aurore, du haut des airs ; et pour nous, ô déesse ! accorde-nous, avec des vaches et des coursiers, la nourriture et l'abondance qui font notre gloire et notre force.

Que cette aurore, dont nous apercevons les favorables rayons, nous donne la richesse désirée de tous, la richesse aussi belle que facile. Tous les chantres antiques, ô grande déesse ! qui invoquèrent ta protection, ont reçu de toi l'abondance qu'ils te demandaient ; exauce également nos prières, aurore, et donne-nous les biens splendides et purs. Aurore, puisque tu ouvres encore aujourd'hui de ta lumière les portes du ciel, accorde-nous une maison opulente, à l'abri de l'ennemi, que nourrissent des vaches fécondes. Assure-nous, ô puissante aurore ! la richesse inépuisable sous ses formes infinies ; assure-nous de nombreux troupeaux; assure-nous la gloire qui peut tout soumettre; assure-nous la nourriture, ô déesse qui nourris l'univers !

Le second des hymnes à l'aurore que je veux citer est encore plus beau; on y remarquera, vers la fin, une certaine mélancolie grandiose et sereine, malgré sa tristesse. L'homme ne peut pas revoir la lumière sans penser qu'un jour il la perdra, comme tant d'autres de ses semblables l'ont perdue avant lui et la perdront après.

RIG-VÉDA.

Section I, Lecture VIII, Hymne I (1). — Coutsa, rishi; Trishtoubh, mètre.

A L'AURORE.

La lumière, la plus belle des lumières s'est levée; l'éclat le plus divers s'est partout répandu. La nuit, fille du soleil, a préparé, pour que le soleil put naître à son tour, le sein de l'aurore. Et l'aurore, qui ne brille que des feux brillants de son fils, s'est montrée sur le trône que la nuit a disposé pour elle. Liées toutes deux également au soleil, immortelles l'une et l'autre, elles se suivent tour à tour, effaçant mutuellement leur couleur. La route que fournissent ces deux sœurs est la même, comme elle est infinie; elles la parcourent successivement, instruites toutes deux par le dieu resplendissant. Elles ne se nuisent jamais entre elles; elles ne s'arrêtent jamais, et, couvertes d'une douce rosée qu'elles distillent, la nuit et l'aurore n'ont qu'une seule pensée si elles ont des couleurs différentes.

Conductrice éclatante des saintes paroles, l'aurore étale toutes ses parures; pour nous ouvrir les portes du jour, en éclairant l'univers, elle nous en révèle toutes les richesses. L'aurore a

(1) Langlois, t. I, p. 222; Rosen, p. 233.

réveillé tous les êtres. De sa main puissante elle invite le monde endormi à se mouvoir; elle invite l'homme à jouir, à faire les pieux sacrifices, à grandir sa fortune. A ceux qui ne voyaient plus dans les ténèbres, elle apporte son secours pour qu'ils puissent voir au loin. L'aurore a réveillé tous les êtres. Grâce à toi nous aurons la richesse, grâce à toi l'abondance, grâce à toi l'honneur et le pouvoir, grâce à toi le sacrifice où tu conduis toutes les créatures que visite la lumière. L'aurore a réveillé tous les êtres.

Cette fille du ciel nous apparaît resplendissante, protectrice, couverte de son étincelant manteau, reine de tous les trésors que la terre renferme. Heureuse aurore, brille aujourd'hui pour nous! Sur la route des aurores passées qu'elle suit, elle est l'aînée des aurores qui s'avancent, des aurores éternelles. Elle ranime à sa clarté tout ce qui vit; elle vivifie tout ce qui est mort. Aurore, c'est toi qui as créé le feu pour l'œuvre sainte; c'est toi qui as manifesté le monde par la lumière du soleil; c'est toi qui as réveillé les hommes pour qu'ils offrent le sacrifice : voilà la noble fonction que tu as remplie parmi les dieux.

Depuis quand l'aurore vient-elle nous visiter? L'aurore qui va nous éclairer aujourd'hui ne fait qu'imiter les aurores qui nous ont lui déjà, et devancer celles qui nous luiront encore. Elle nous arrive aussi brillante que les autres. Ils sont morts les humains qui jadis ont vu l'aurore étinceler comme celle-ci; c'est à nous de la voir à cette heure, et ils devront mourir aussi ceux qui verront un jour l'aurore aux heures du matin. O toi qui repousses les ennemis, qui protéges les rites sacrés, qui es née pour le sacrifice, toi qui inspires la joie, qui provoque les saintes paroles, qui encourages les louanges offertes aux dieux, et qui reçois pour eux l'oblation pieuse, aurore, brille en ce moment pour nous de ta plus vive beauté. Depuis bien longtemps déjà l'aurore a resplendi dans tout son éclat; aujourd'hui elle éclaire de nouveau le monde de ses richesses; elle ne brillera pas moins dans les jours qui suivront; à l'abri de la vieillesse, à l'abri de la mort, elle s'avance avec toutes ses splendeurs; elle inonde de lumière les plages célestes; déesse lumineuse, elle repousse la noire obscurité. Elle vient réveiller la nature sur le char magnifique que traînent de rougeâtres coursiers. Apportant les biens qui nourrissent l'homme, elle l'appelle par la clarté qu'elle déploie. Elle se montre aujourd'hui pareille aux aurores qui l'ont précédée toujours, pareille aux aurores qui toujours la suivront.

Levez-vous; l'esprit de vie est revenu nous animer; l'ombre s'éloigne, le jour s'avance; il prépare au soleil le chemin qu'il doit parcourir; nous marchons vers les biens qui soutiennent la vie. Le sacrificateur prononce les paroles que le rhythme enchaîne; il chante et bénit les aurores aux clartés resplendissantes. Aurore, repousse loin de moi, pendant que je t'invoque, la sombre obscurité; éclaire de tes rayons les aliments qui nourrissent notre famille. Les aurores qui donnent les vaches fécondes et les fils valeureux, brillent pour le mortel qui les honore. Puisse celui qui répand cette libation voir les aurores multiplier ses coursiers, pendant qu'il récite les prières saintes, rapides comme le vent. Mère des dieux, œil de la terre, messagère du sacrifice, belle aurore, brille de tous tes feux; répands ta lumière sur notre offrande bénie par toi; rends-nous illustres parmi les nôtres, ô toi qui fais la joie du monde entier! Les biens divers que prodiguent les aurores sont l'heureux partage de qui les honore par des sacrifices et des chants. Que ces biens aussi nous soient accordés par Mitra, Varouna, Aditi, la Mer, la Terre et le Ciel!

Je ne crois pas céder à une admiration aveugle et à un enthousiasme de traducteur en réclamant pour les auteurs de ces hymnes, Hiranyastoupa, Gritsamada, Coutsa, etc., une place désormais immortelle parmi les poëtes qui font le plus d'honneur à l'esprit humain. Sans doute le Véda poursuit un but plus élevé que celui de la poésie; mais puisque sur sa route il a rencontré des beautés de cet ordre, il est juste qu'on les lui attribue et qu'on les lui reconnaisse ; car le charme de ces vers et leur majesté naturelle et puissante n'auront pas peu contribué sans doute à fonder et propager la religion des Védas.

Je termine ce que j'ai à dire de cette partie du *Rig-Véda* en citant l'hymne suivant aux Adityas, dieux issus de la Terre et du Soleil.

RIG-VÉDA.

Section I, Lecture III, Hymne 9 (1). — Canva, rishi ; Gayatri, mètre.

AUX ADITYAS.

L'heureux mortel que protégent les plus sages des dieux, Varouna, Mitra, Aryaman, remporte aisément la victoire. L'heureux mortel qu'ils couvrent et réchauffent dans leurs bras, qu'ils défendent contre l'ennemi, croît et grandit à l'abri de toutes les atteintes. Ces royaux amis éloignent devant leurs favoris les obstacles et les adversaires ; ils en écartent les fautes et les crimes. O Adityas ! si vous venez à notre sacrifice, vous trouverez une route facile, une route sans ennemis ; et la cérémonie qu'on vous apprête ici ne décevra point votre attente. Que le sacrifice que vous dirigez dans un chemin sûr, ô vaillants Adityas, aille jusqu'à vous et qu'il vous charme. Le mortel que vous favorisez acquiert l'opulence et les biens de toute espèce ; il acquiert la famille, sans jamais craindre le malheur. Comment louer dignement, ô mes amis, Mitra, Aryaman, Varouna, dont la grandeur est sans bornes. Je ne vous recommande point un homme de ruse et de violence ; je ne vous recommande point un homme qui profère des imprécations ; c'est pour un adorateur des dieux que je veux vous fléchir, par les riches offrandes que je vous présente. Tel que le joueur qui tremble jusqu'à ce que les

(1) M. Langlois, t. I, p. 78 ; Rosen, p. 79.

quatre dés de son adversaire soient tombés, tel l'homme doit toujours craindre de proférer des paroles impies.

Cet hymne, où se montrent quelques nuances morales au milieu de toutes ces prières qui n'ont jamais en vue que l'acquisition de biens matériels, nous servira de transition pour les suivants, qui sont les seuls à peu près de tout le *Rig-Véda* où apparaissent des idées métaphysiques.

On se figure en général, mais bien à tort, que le Véda doit être un livre de théologie et de philosophie. C'était là l'idée que s'en faisait Voltaire; c'était là l'idée que pouvait confirmer jusqu'à certain point l'Oupnékhat d'Anquetil-Duperron. Je ne veux pas dire que toute théologie et toute métaphysique soient absentes des mantras des Védas; mais elles y sont fort rares; et devant ces hymnes, tout beaux qu'ils sont, avec la mythologie même déjà très-riche qu'ils attestent, il est difficile de comprendre comment il a pu sortir de là toute une religion, et surtout un système de métaphysique. Sans les Brâhmanas et les Oupanishads, le fait eût été impossible, et il resterait inexplicable; ce sont les Brâhmanas, avec les Soûtras et les Oupanishads, qui ont fondé toute l'orthodoxie. Ils sont venus se juxtaposer aux Védas plutôt encore qu'ils ne les ont commentés et suivis. De là l'intérêt tout particulier qui doit s'attacher, dans les prières des Védas, aux morceaux d'ailleurs très-peu nombreux de métaphysique et de théologie. On conçoit aisément qu'il n'y en ait pas trace dans le Sâma-Véda, et qu'il y en ait très-peu même dans le Yadjoush, consacrés tous deux au rituel et aux détails minutieux du sacrifice. Je ne pense pas qu'on en trouve non plus beaucoup dans l'Atharvana; c'est donc encore dans le Rig-Véda qu'on pourrait en découvrir davantage, bien qu'on n'y en trouve presque point. La métaphysique, quand elle s'y montre, y est même tellement enveloppée, qu'elle est à peine reconnaissable; et par exemple, voici un hymne que les commentateurs intitulent *la Création*, et où l'on verra sous quel étrange aspect cette grande croyance s'est présentée au génie indien (1). Le sacrifice mystique célébré jadis par les dieux a été le modèle des sacrifices qu'à leur exemple ont offerts les hommes; c'est de ce premier sacrifice que le monde est sorti.

RIG-VÊDA.

Section VIII, Lecture VII, Hymne 11 (2). — Yadjna, rishi; Djagati (3), Trishtoubh, mètre.

LA CRÉATION.

Le sacrifice tout entier se développe comme une toile formée de cent un fils qu'ont tissés les dieux. Les pères du monde, qui avaient entrelacé, disposé, déplacé la chaîne et la trame, viennent s'asseoir et sont réunis. Poumân, le premier mâle, étend cette toile; Poumân la développe dans ce monde et dans le ciel. Près de lui se tiennent et sont assemblés les rishis rayonnants. Les chants sacrés entrelacent les fils du tissu. Quelle était la disposition et la forme du sacrifice? Quelle en était l'ordonnance? Quel en était le ministre? Comment était faite l'enceinte consacrée? Quel mètre fut employé? Quelle fut l'invocation préparatoire? Quel hymne les dieux réunis adressèrent-ils au Dieu? D'abord parut la Gâyatrî avec Agni; puis Savitri vint avec

(1) Colebrooke a traduit cet hymne, *Essays*, t. Ier, p. 34. Mais sa traduction, qui est de 1805, est moins fidèle que celle de M. Langlois, de qui je me rapproche davantage dans la mienne.

(2) M. Langlois, t. IV, p. 422; Colebrooke, *Essays*, I, p. 34.

(3) La djagati est un vers de quarante-huit syllables.

l'Oushnih, qui l'accompagnait ; Soma, que grandissent les chants, vint avec l'Anoushtoubh, tandis que la voix de la Vrihatî échut à Vrihaspati. La Virâtî était menée par Mitra et Varouna. Mais la Trishtoubh, qui célèbre le milieu du jour, appartint à Indra. La Djagati servit à tous les dieux, les Visvadévas. Voilà comment prièrent jadis les rishis, fils de Manou ; oui, voilà comment prièrent jadis les rishis, fils de Manou, et nos pères, dans cet antique sacrifice. Je contemple dans ma pensée, avec l'œil de l'esprit, ceux qui les premiers offrirent ce sacrifice. Soutenus par les hymnes, soutenus par les mètres sacrés dont ils s'entouraient, soutenus des cérémonies saintes, les sept rishis divins ont fixé leurs regards sur ces premières voies ; et, comme d'habiles cochers, ils ont suivi ces lumineux rayons.

Il ne faut pas être trop surpris de trouver des règles et presque un traité de métrique dans un hymne : c'est un sujet auquel les rishis reviennent très-souvent et avec une sorte de complaisance. Dans un hymne aux Visvadévas, l'un des plus longs et des plus bizarres de tout le Rig-Véda, non-seulement le poète donne les noms des différents mètres, comme ici, la gâyatrî, la trishtoubh, etc. ; mais il va jusqu'à dire de combien de pieds chacun de ces mètres se forme et quels rapports ils ont entre eux (stance 24) (1). Ailleurs, il se contente de désigner les mètres que les sacrificateurs, dans leurs chants (2), doivent employer de préférence, pour rester fidèles à la Voix sainte. Ceci prouve qu'au temps où les Védas ont été composés, l'art de la métrique avait déjà fait des grands progrès, et que les rishis, tout inspirés qu'ils étaient, n'en étudiaient pas moins les règles du rhythme. En admettant que les rishis sont

(1) Traduction de M. Langlois, t. Ier, p. 386.

(2) *Idem*, section VIII, lecture II, hymne X, stance 2, t. IV, p. 299.

des auteurs humains, la chose peut se comprendre ; mais dans la croyance indienne, le Véda est révélé par Brahma lui-même ; et c'est prêter un singulier rôle à un dieu que de le faire descendre jusqu'à scander des vers et mesurer des syllabes.

Voici un autre hymne intitulé l'*Ame suprême*, où la métaphysique se montre sans voile, et où la poésie cache à peine sous quelques images la gravité du sujet qu'elle traite en l'usurpant sur une science plus sérieuse. C'est à peu près le seul hymne de ce genre dans tout le Rig-Véda ; il a déjà le ton des Brâhmanas et des Oupanishads. La seule différence, c'est que le philosophe emploie les vers au lieu de la prose pour exprimer ses méditations (1).

RIG-VÉDA.

Section VIII, Lecture VII, Hymne 9 (1). — Pradjapati, rishi ; Trishtoubh, mètre.

L'AME SUPRÊME.

(PARAMÂTMA, titre donné par le commentaire.)

Alors rien n'existait, ni le non-être, ni l'être ; ni monde, ni air, ni région supérieure. Quelle était donc l'enveloppe de toutes choses? Où était, quel était le réceptacle de l'eau? où était la profondeur impénétrable de l'air? Il n'y avait point de mort, point d'immortalité ; pas de flambeau du jour et de la nuit. Mais Lui seul respirait sans respirer, absorbé dans sa Svadhâ, sa propre pensée. Il n'existait rien, absolument rien autre que Lui.

(1) Il y a cependant aussi des Oupanishads en vers, l'Isâ, par exemple, du Yadjour-Véda, et plusieurs Oupanishads de l'Atharva-Véda.

(2) M. Langlois, t. IV, p. 421 ; Colebrooke, *Essays*, t. I, p. 33.

Les ténèbres étaient au commencement enveloppées de ténèbres ; l'eau était sans éclat, et tout était confondu en Lui. Mais l'être reposait dans le vide qui le portait ; et cet univers fut enfin produit par la force de sa dévotion. D'abord le désir se forma dans son esprit, et ce fut là la première semence.

C'est ainsi que les sages, méditant dans leur cœur et leur intelligence, ont expliqué le lien de l'être au non-être dans lequel il est. Le rayon lumineux de ces sages s'est étendu partout ; il a été en bas, il a été en haut. C'est qu'ils étaient pleins d'une semence féconde ; c'est qu'ils avaient une grande pensée. La Svadhâ de l'être survivra à tout, comme elle a tout précédé.

Mais qui connaît exactement ces choses ? qui pourra les dire ? Ces êtres, d'où viennent-ils ? cette création, d'où vient-elle ? Les dieux ont été produits parce qu'il a bien voulu les produire. Mais Lui, qui peut savoir d'où il vient lui-même ? qui peut savoir d'où est sortie cette création si diverse ? Peut-elle, ne peut elle pas se soutenir elle-même ? Celui qui du haut du ciel a les yeux sur ce monde qu'il domine, peut seul savoir si cela est ou savoir si cela n'est pas (1).

Je m'imagine que des morceaux de ce genre, si Voltaire les eût connus, l'auraient un peu réconcilié avec le Véda tant dédaigné par lui au profit de l'Ézour-Veidam, qui en était, à ce qu'il croyait, la réfutation. Ici le langage du Véda est aussi simple, aussi grand que pouvait l'être celui du faussaire chrétien ; et ce faussaire s'est donné plus de peine qu'il ne fallait pour combattre la superstition et l'idolâtrie indiennes. Il n'avait qu'à prendre les livres sacrés eux-mêmes ; et avec du discernement et du soin, il aurait pu en extraire tout un système de théolo-

(1) Cet hymne a été traduit, comme le précédent, par Colebrooke. Je ferai sur sa traduction la même remarque que j'ai faite pour l'autre : celle de M. Longlois est beaucoup plus fidèle.

gie aussi raisonnable que celui qu'il fabriquait, et qui aurait eu le grand avantage d'être sincère. Il est certain qu'on peut tirer des Védas un ensemble de croyances où le dogme de l'unité de Dieu paraît affirmé dans les termes les plus positifs et parfois les plus relevés. Ce n'est pas là, je le sais bien, la doctrine qui a triomphé dans la religion brahmanique toujours entachée plus ou moins de panthéisme, même au milieu de ses plus heureuses spéculations. Mais les éléments de ce dogme se retrouvent dans les écritures védiques, très-nombreux, s'ils y sont dispersés; et ce pouvait être une œuvre aussi profitable que facile de les réunir et de les coordonner. C'est ce qu'ont essayé, dans ces derniers temps, plusieurs pandits, et, de nos jours, le célèbre Rammohun-Roy. Il est difficile de savoir ce qu'ont produit ces efforts, et jusqu'à quel point cette rénovation de la religion brahmanique a touché le cœur de ceux auxquels elle s'adressait. Mais heureux ou impuissants, ces efforts étaient certainement très-sensés. Pour convertir un peuple et le ramener à des idées plus saines, il est bon de recourir aux livres sacrés que ce peuple possède, et qu'il croit; il est bon de lui montrer qu'il les comprend mal et qu'il peut s'en faire une interprétation plus complète et plus juste. C'est un moyen très-loyal de l'éclairer; et cette route, bien que détournée, est peut-être encore la plus sûre comme elle est la plus honnête.

Je commente et j'éclaircis l'hymne que je viens de citer par un autre qui porte tout à fait le même caractère, et qui, à bien des égards, pourrait être accepté même par la muse chrétienne. Il est l'un des derniers du Rig-Véda, et j'ajoute l'une de ses inspirations les plus grandes et les plus vraies.

RIG-VÉDA.

Section VIII, lecture VII, hymne 2 (1). — Hiranya-Garbha, rishi; Trishtoubh, mètre.

AU DIEU CRÉATEUR (PRADJAPATI).

Le Dieu à l'œuf d'or a paru; il venait à peine de naître, et il était déjà le seul maître du monde. Il a rempli la terre et le ciel. A quel autre dieu offririons-nous l'holocauste?

C'est le Dieu qui donne la vie, qui donne la force; c'est celui dont tous les êtres, celui dont tous les dieux subissent et honorent la suprême loi; c'est celui auprès de qui l'immortalité et la mort ne sont que des ombres. A quel autre dieu offririons-nous l'holocauste?

C'est le Dieu qui, par sa grandeur, est le seul roi de ce monde, qui respire et qui voit par lui; c'est le maître de tous les animaux à deux pieds, à quatre pieds. A quel autre dieu offririons-nous l'holocauste?

C'est à lui, c'est à sa grandeur qu'appartiennent ces montagnes couvertes de frimas, cet océan avec ses flots, ont dit les sages; c'est à lui ces espaces, à lui ces deux bras qu'il y déploie. A quel autre dieu offririons-nous l'holocauste?

C'est par lui qu'a été solidement établi le ciel, par lui la terre, par lui l'air immense, par lui le firmament; c'est lui qui, dans les airs, conduit la lumière. A quel autre dieu offririons-nous l'holocauste?

C'est lui que le ciel et la terre, soutenus par son appui, frémissent du désir de voir, quand le soleil, dans sa splendeur, se lève à l'orient. A quel autre dieu offririons-nous l'holocauste?

Quand les grandes ondes portant le germe universel sont venues, et qu'elles ont enfanté Agni, alors s'est développée avec

(1) M. Langlois, t. IV, p. 409.

elles cette âme unique des dieux. A quel autre dieu offririons-nous l'holocauste ?

C'est lui qui, dans sa grandeur, voit autour de lui ces ondes qui renferment la force et qui enfantent le sacrifice. C'est lui qui, parmi les dieux, a toujours été le dieu suprême. A quel autre dieu offririons-nous l'holocauste ?

Ah! puisse-t-il nous protéger, celui qui, dans sa sainte puissance, a créé la terre et le ciel, celui qui a créé les belles, les vastes ondes. A quel autre dieu offririons-nous l'holocauste ?

O Pradjapati ! ce n'est pas un autre que toi qui a créé tous ces êtres que tu as répandus dans le monde. Accorde-nous les biens que nos invocations te demandent ; fais que nous soyons les heureux possesseurs de la richesse !

Une remarque importante et curieuse, c'est que les rishis, auxquels sont attribués ces trois hymnes métaphysiques, sont des personnages allégoriques. Ainsi, l'auteur de l'hymne de la Création est appelé Yadjna, et ce mot, en sanscrit, ne signifie que le sacrifice. On a donc personnifié le sacrifice lui-même qu'offrent les dieux au moment où l'univers est créé ; et c'est le Sacrifice, devenu poète, qui célèbre sa propre histoire et ses propres mérites. L'auteur du second hymne à l'Ame suprême est Pradjapati, c'est-à-dire le dieu suprême, le souverain des créatures, qu'on appelle aussi souvent du nom d'Ame suprême que du nom moins relevé de Pradjapati. Enfin Hiranya-Garbha est supposé l'auteur de l'hymne au Dieu créateur; et Hiranyagarbha, mot formé de deux autres, signifie l'œuf d'or, d'où ce dieu est sorti et dans lequel est renfermé le monde, flottant avec lui sur les eaux. Ces équivoques et ces allusions sont très-fréquentes dans le *Rig-Véda*, et plus encore dans les autres. Des hymnes adressés à Agni sont attribués à Agni lui-même, et aux Dévas qui conversent avec lui dans un dialogue où les interlocuteurs se répondent chacun par une stance. (*Rig-Véda*, section VIII, lecture I, hymnes 6, 7, 8, traduction de M. Langlois ; t. IV, p. 254 et suivantes.) Quelquefois c'est le grand Indra qui, se faisant rishi, se célèbre lui-même (*ibid.*, p. 249 et suiv.), et ne se ménage pas les louanges. Ailleurs, c'est la Voix, la Parole (Vâk) qui est l'auteur inspiré, le rishi de l'hymne à la Voix, à la Parole sainte. (Section VIII, lecture VII, hymne 6, traduction de M. Langlois, t. IV, p. 415). Et ici la tradition voulant sans doute pousser encore plus loin la méprise, fait de Vâk un personnage réel, et la regarde comme la fille d'un sage appelé Abhrina (1). L'hymne à l'Arbre de la science sacrée, où une femme jalouse prononce une incantation qui doit donner la mort à sa rivale, est attribué à Indrânî, épouse céleste d'Indra. (Section VIII, lecture VIII, hymne 3, traduction de M. Langlois, t. IV, p. 442.) Enfin un hymne qui s'adresse à Sraddhâ, c'est-à-dire à la Foi religieuse, est supposé l'œuvre de Sraddhâ elle-même, qu'on appelle la fille de Kâma, c'est-à-dire de l'Amour ou du Désir, allégorie aussi délicate que profonde. Je pourrais multiplier ces exemples; mais ceux-ci suffisent pour prouver l'incertitude des traditions en ce qui concerne les auteurs des hymnes. L'index ou anoukramani du *Rig-Véda* est exact, sans doute, en ce qu'il reproduit les opinions du temps où il a été rédigé ; mais il est évident que dès cette époque, toute reculée qu'elle est, on ne sait déjà plus rien de positif sur les rishis ; et que la superstition populaire, dans sa vénération, en fait aussi bien des dieux que des hommes, des personnages allégoriques que des êtres réels.

(1) Colebrooke, qui a traduit cet hymne, *Essays*, I, p. 32, dit Ambhrina, au lieu d'Abhrina.

Maintenant qu'on connaît assez bien le Rig-Véda dans ses deux caractères principaux, de poésie religieuse et métaphysique, il faut le considérer sous un aspect très-différent, et qui ne sera guère moins beau dans son genre. Je veux parler de ces incantations qui n'ont pour objet que de satisfaire des passions toutes personnelles, de ces exorcismes qui doivent apaiser des craintes, consoler des regrets, assurer des biens ou éloigner des maux. Ces hymnes sont en petit nombre dans le Rig-Véda, et ils sont presque tous relégués dans le dixième et dernier mandala. J'en citerai deux qui me semblent d'une beauté peu commune, surtout le premier, tout déplacé qu'il peut paraître dans un livre réputé divin (1) : c'est un hymne adressé au Dieu du jeu, aux dés, qu'un joueur, dans ses désirs effrénés, supplie de lui être favorables, tout en les maudissant. La passion du jeu ne saurait trouver des accents plus naturels et plus énergiques. Dans une scène de haute comédie, ce monologue tiendrait admirablement sa place. Jamais joueur, accablé de honte et de remords, en même temps que transporté de désirs, n'a mieux parlé pour s'excuser lui-même, et déplorer ses fautes, tout en étant prêt à y retomber.

(1) Ce qui peut faire comprendre jusqu'à certain point l'introduction d'un tel morceau dans le Véda, c'est que la passion du jeu, poussée jusqu'à la fureur, paraît avoir été très-répandue dans l'Inde. On se rappelle que Nala, dont les aventures remplissent un des plus beaux épisodes du Mahâbhârata, publié par M. Bopp, avait perdu son royaume sur un coup de dés. Mais je ne sais si cet hymne au dieu du jeu n'est pas plus fait pour animer encore les joueurs que pour les corriger.

RIG-VÉDA.

Section VII, Lecture VIII, Hymne 2 (1). — Cavasha, rishi; Trishtoubh, mètre.

AU DIEU DU JEU.

Ces dés qui s'agitent, qui tombent en l'air et qui roulent sur la poussière, ces enfants du grand Vibhâdaca me rendent fou. Mon ivresse est pareille à celle du Soma que produit le Moudjâvân. Que Vibhâdaca veille toujours sur moi!

Ma femme ne me maltraite point; elle ne m'injurie pas; elle a toujours été bonne avec mes amis comme elle l'est avec moi; et moi pour un dé qui d'un seul coup peut tout ruiner, je laisse une si tendre épouse!

Ma belle-mère me hait; ma femme me retient; le pauvre qui me demande l'aumône n'est pas satisfait par moi; car je mène la vie d'un vieux et mauvais cheval de louage.

D'autres s'occupent de la femme de l'homme qui met toute sa science dans les coups d'un dé triomphant. Son père, sa mère, ses frères, disent de lui : « Nous ne le connaissons pas; qu'on l'enchaîne et qu'on l'emmène. »

Quand j'y réfléchis, je ne veux plus être maîtrisé par ces dés; mais je me laisse entraîner par des amis. En tombant, les dés font entendre leur voix, et je vais à leur appel comme une amante ivre d'amour.

Le fou arrive à la réunion tout échauffé : « Je gagnerai, » se dit-il. Aussitôt les dés s'emparent du désir du joueur, et lui leur donne en un seul jour tout ce qu'il possède.

Les dés sont comme les crocs dont se servent les conducteurs des éléphants pour presser leur monture; ils déchirent, ils brûlent d'espérances, de regrets; ils s'attachent à la jeunesse, tan-

(1) M. Langlois, IV, p. 192.

tôt victorieux, tantôt abattus; et ils se couvrent de miel pour séduire l'âme de l'insensé.

Cependant l'essaim des cinquante-trois points (1) se livre à ses jeux, comme le divin, le pieux Savitrî; ils ne cèdent jamais à la colère ni à la menace, tandis qu'il n'y a pas de roi qui ne doive leur rendre hommage et se prosterner devant eux.

Ils roulent sur le sol, ils tremblent dans l'air, et, quoique privés de bras, ils dominent celui qui a des bras. Charbons du ciel tombés sur la terre, tout froids qu'ils sont, ils brûlent le cœur.

L'épouse du joueur se désole de l'abandon où il la laisse; sa mère s'afflige de l'absence d'un fils qu'elle ne voit plus. Lui-même tremble de rencontrer son créancier; il convoite le bien des autres, et il ne rentre plus chez lui que la nuit.

Quand le joueur revoit sa femme, il s'attriste en pensant que la couche d'autres épouses est heureuse et tranquille; mais, dès le matin, il a attelé de nouveau ses noirs coursiers; et quand Agni finit sa lumière, il se couche par terre comme un misérable vidhala.

Celui qui le premier a été le général de votre grande armée, le premier roi de votre race, ô Dés! à celui-là, je lui rends hommage. Je ne dédaigne pas vos présents, mais je dis en toute vérité ceci :

« Ne joue pas aux dés; laboure plutôt la terre comme un laboureur, et jouis du fruit de ton travail avec abondance, avec sagesse : c'est là que sont tes vaches, tes trésors, ô joueur! c'est là qu'est ta femme. » Que Savitrî m'assure ce bonheur, et je m'en contente.

Mais traitez-moi en ami, ô dés! ne vous fâchez pas contre nous; ne venez pas avec un cœur impitoyable; que votre courroux s'appesantisse ailleurs, et qu'un autre que nous soit dans les liens de ces noirs combattants.

(1) Il semble qu'ici il y ait une erreur: trois dés à vingt et un points chacun font soixante-trois points au lieu de cinquante-trois.

L'auteur de cet hymne en a fait encore cinq ou six autres; mais ils sont bien loin de celui-là, qui suffit à placer Cavasha auprès des poètes que nous avons cités plus haut et admirés : Gritsamada, Coutsa, Hiranyastoupa, etc.

Le dernier hymne que je donnerai de la *Samhitâ du Rig-Véda*, est un exorcisme pour rappeler un mort à la vie; il est intitulé l'*Ame* (*manas*, *mens* du latin). Il est évident que cet hymne n'est qu'une formule d'incantation; elle devait sans doute être prononcée au milieu de certaines pratiques dont le détail ne nous est pas connu, mais qu'on peut aisément imaginer. Ces incantations, tout absurdes qu'elles doivent paraître, ont été en usage chez tous les peuples; et l'Europe les a conservées, malgré toute sa civilisation et ses lumières, jusqu'à ces derniers siècles. Il est même assez probable que ces superstitions ne sont pas encore aujourd'hui complètement éteintes. L'hymne du *Rig-Véda* nous apprend, en outre, où en étaient alors, chez les Indous, les croyances sur la destinée de l'Ame après qu'elle a quitté le corps. Elle se répand dans le monde entier; on la demande à tous les éléments auxquels elle s'est mêlée. Cette croyance s'est ensuite développée, et elle a formé la doctrine de la transmigration, qui est en quelque sorte endémique à l'Inde; mais la transmigration n'est pas encore dans le *Rig-Véda*, et je crois qu'elle n'apparaît pas davantage dans les autres. Les trois Gopâyanas, auteurs de cet hymne, viennent évoquer l'Ame de Soubandhou, leur frère, sur son tombeau. Ils étaient, si l'on en croit la tradition, les prêtres domestiques, les pourohitas d'un roi nommé Asamâti, qu'ils ont célébré dans plusieurs hymnes.

RIG-VÉDA.

Section VIII, lecture I, hymne XIII (1). — Les Gopâyanas, rishis; Anoushtoubh, mètre.

L'AME.

Ton Ame, qui est allée au loin dans la contrée de Yama (2), nous la rappelons pour qu'elle revienne ici dans ta maison, à la vie.

Ton Ame, qui est allée au loin dans le ciel et dans la terre, nous la rappelons pour qu'elle revienne ici dans ta maison, à la vie.

Ton Ame, qui est allée au loin visiter la terre aux quatre parties, nous la rappelons pour qu'elle revienne ici dans ta maison, à la vie.

Ton Ame, qui est allée au loin dans les quatre régions de l'air, nous la rappelons pour qu'elle revienne ici dans ta maison, à la vie.

Ton Ame, qui est allée au loin dans l'Océan et ses flots écumeux, nous la rappelons pour qu'elle revienne ici dans ta maison, à la vie.

Ton Ame, qui est allée au loin dans les torrents lumineux, nous la rappelons pour qu'elle revienne ici dans ta maison, à la vie.

Ton Ame, qui est allée au loin dans les eaux, dans les plantes, nous la rappelons pour qu'elle revienne ici dans ta maison, à la vie.

Ton Ame, qui est allée au loin vers le soleil, vers l'aurore, nous la rappelons pour qu'elle revienne ici dans ta maison, à la vie.

(1) M. Langlois, IV. p. 265.

(2) Yama, dieu de la mort. (Voir plus haut, p. 41, la note sur Yama).

Ton Ame, qui est allée au loin dans les vastes montagnes, nous la rappelons pour qu'elle revienne ici dans ta maison, à la vie.

Ton Ame, qui est allée au loin dans le monde entier, nous la rappelons pour qu'elle revienne ici dans ta maison, à la vie.

Ton Ame, qui est allée au loin vers les dernières limites de l'univers, nous la rappelons pour qu'elle revienne ici dans ta maison, à la vie.

Ton Ame, qui est allée au loin dans le passé, dans le futur, nous la rappelons pour qu'elle revienne ici dans ta maison, à la vie.

Les hymnes qui précèdent doivent avoir donné une idée suffisante du Rig-Véda, ou plutôt de cette partie du Rig-Véda, qui contient les prières ou mantras, et qui est proprement appelée la Samhitâ. Mais ce n'est pas là le Rig-Véda tout entier; et si l'on doit s'en rapporter aux Indiens eux-mêmes, les seuls juges vraiment compétents, si l'on doit s'en rapporter à l'école Mîmânsâ, le Rig-Véda comprend aussi les Brâhmanas qu'on y rattache. Ces Brâhmanas, comme on l'a vu plus haut (pages 32 et 33), sont au nombre de deux, traitant l'un et l'autre le même sujet, mais le disposant dans un ordre différent. Je vais en donner quelques extraits, que j'emprunterai à Colebrooke, n'ayant pas le texte à ma disposition. C'est un tout autre monde que celui des Mantras; et il n'est pas besoin d'un long examen pour affirmer que les Brâhmanas sont beaucoup plus récents que les hymnes. Ils en expliquent pour un grand nombre, d'ailleurs, l'origine et l'occasion; et, à ce point de vue, ils sont fort importants par les légendes qu'ils ont conservées.

L'Aitareya-Brâhmana, en vers et en prose, comprend huit livres, divisés chacun en cinq lectures, et formant en tout quarante chapitres. Voici un extrait du trente-huitième chapitre, ou le troisième du huitième livre : c'est la consécration mystique d'Indra.

RIG-VÉDA.

Aitareya Brâhmana, livre VIII, chapitre 3e.

Après l'inauguration d'Indra par Pradjapati, le divin Vasou le sacra dans la région de l'est avec les mêmes prières en vers et en prose, avec les mêmes paroles saintes, pendant trente et un jours, afin de lui assurer sa juste domination. De là vient que maintenant encore les rois des Pratchyas, dans l'est, sont sacrés d'après la pratique des dieux, d'après les règles fixées (Sâmrâdjya), et que les rois ainsi sacrés sont appelés par les peuples Sâmrâdjs.

Ensuite les divins Roudras le sacrèrent dans la région du sud, avec les mêmes prières en vers et en prose, avec les mêmes paroles saintes, durant trente et un jours, pour assurer la continuité de son bonheur. De là vient que les rois des Satvats, dans le sud, sont sacrés d'après la pratique des dieux pour assurer la continuité de leur joie (Bhodjya), et que les rois ainsi sacrés sont appelés par les peuples Bhodja.

Ensuite les divins Adityas le sacrèrent dans la région de l'ouest, etc.

Ensuite tous les dieux le sacrèrent dans la région du nord, etc.

Ensuite les divins Sâdhyas et Aptyas le sacrèrent dans la région du milieu, etc.

Enfin les Marouts et les dieux nommés Anguiras le sacrèrent dans la région inférieure, etc.

Sacré par cette grande inauguration, Indra subjugua toute la terre et conquit tous les mondes ; il obtint la supériorité, la prééminence, la domination sur tous les dieux. Ayant obtenu dans ce monde la puissance équitable, le bonheur, la domination exclusive, l'autorité séparée, l'habitation de la demeure suprême, la souveraineté, le pouvoir sans bornes et le gouvernement universel; devenu être existant en soi et maître indépendant, exempt de toute dissolution possible, remplissant tous ses désirs dans le monde céleste, Indra devint immortel ; il devint immortel.

Le trente-neuvième chapitre, continuation du précédent, décrit le sacre des rois à l'imitation du sacre d'Indra ; et il énumère minutieusement toutes les conséquences bienfaisantes d'un sacre accompli dans ces formes.

Enfin le quarantième chapitre de l'*Aitareya-Brâhmana* est destiné à faire comprendre aux Rois tous les avantages que la présence d'un pourohita ou prêtre domestique attire sur la maison opulente et pieuse qui l'entretient. La dernière section de ce chapitre donne la description détaillée des cérémonies toutes-puissantes qui, sous la direction de ce prêtre, ont pour objet de faire périr les ennemis du Roi.

Ensuite, dit l'*Aitareya-Brâhmana*, on décrit la destruction dans l'air. Les adversaires, les ennemis, les rivaux, périssent autour de celui qui fait accomplir tous ces rites. Ce qui se meut dans l'atmosphère, c'est l'air (Brahme) autour duquel périssent cinq déités : la foudre, la pluie, la lune, le soleil et le feu.

La foudre ayant brillé disparaît derrière la pluie; elle s'évanouit et personne ne sait où elle est allée. Quand un homme meurt, il disparaît, et personne ne sait où est allée son âme. Ainsi donc, quand la foudre s'évanouit, prononcez cette prière : « Puisse mon ennemi périr ainsi ! puisse-t-il disparaître, et personne ne savoir où il est ! » Aussitôt l'on ne saura ce qu'il est devenu.

Quand la pluie est tombée, elle s'évapore et disparaît avec la lune, et personne ne sait, etc. Quand la pluie cesse, prononcez cette prière, etc.

La lune, quand elle est en conjonction, disparaît avec le soleil, etc. Quand la lune se cache, prononcez cette prière, etc.

Le soleil, quand il se couche, disparaît sous forme de feu, etc. Quand le soleil se couche, prononcez cette prière, etc.

Le feu, quand il monte, disparaît dans l'air, etc. Quand le feu s'est éteint, prononcez cette prière, etc.

Les mêmes déités naissent et se forment suivant cette origine. Le feu naît de l'air; car, poussé par un souffle violent, il prend une nouvelle ardeur. Quand vous le voyez se ranimer, prononcez cette prière: « Que le feu se ranime! mais que mon ennemi ne se ranime pas! puisse-t-il rester à jamais éloigné! » Cette prière suffit pour que l'ennemi s'éloigne encore davantage.

Le soleil naît du feu; quand vous le voyez, prononcez cette prière: « Puisse le soleil se lever! mais que mon ennemi ne se ranime pas, etc. »

La lune naît du soleil; quand vous la voyez, prononcez cette prière: « Puisse la lune se renouveler! mais que mon ennemi, etc. »

La pluie naît de la lune; et, quand vous la voyez, prononcez cette prière: « Puisse la pluie être produite! mais que mon ennemi, etc. »

La foudre naît de la pluie; et, quand vous la voyez, prononcez cette prière: « Puisse la foudre briller! mais que mon ennemi, etc. »

Telle est la destruction dans l'air. Maitreya, fils de Kousharou, communiqua ces rites à Soutvan, fils de Kirisa, descendant de Bhârga. Cinq rois périrent autour de lui, et Soutvan atteignit le pouvoir qu'il désirait.

Celui qui entreprend de pratiquer ces rites doit appliquer soigneusement les règles suivantes: Qu'il ne se couche pas plus tôt que son ennemi, et qu'il se lève quand il suppose que son ennemi est levé; qu'il ne se lève pas plus tôt que son ennemi, mais qu'il se couche quand il suppose qu'il est couché; qu'il ne s'endorme pas plus tôt que son ennemi, mais qu'il s'endorme quand il suppose qu'il est endormi; qu'il veille quand il suppose qu'il veille. Son ennemi a beau avoir une tête de pierre, bientôt il le tue; bientôt il le tue.

Nous voici bien loin de cette grande poésie des hymnes. L'inspiration sublime des rishis a disparu pour faire place à je ne sais quelle imagination extravagante et superstitieuse. Les nobles émotions qu'inspirait le spectacle de la nature se sont éteintes ; et la mythologie des premiers âges a donné naissance à des légendes absurdes qui ont aussi peu de grâce que de vraisemblance. La haine, le désir de la vengeance, sont les seules passions qui parlent au cœur de l'homme, avec l'intérêt, qui lui souffle la dissimulation et la bassesse. C'est une chute honteuse pour le génie indien ; et ce mélange des idées les plus hautes et les plus saintes avec les calculs le plus misérables et les plus profanes, a quelque chose qui repousse et dégoûte la raison dans un livre qu'on donne pour divin.

Mais il faut être juste ; l'Aitareya-Brâhmana ne renferme pas seulement des morceaux de cet ordre inférieur ; il en a d'autres très-différents, où la spéculation métaphysique rachète par sa grandeur et sa vérité tant d'erreurs et de misères. Dans une (1) des Oupanishads de l'Aitareya-Brâhmana, je trouve cette admirable allégorie de la Dispute des sens, déjà connue par l'Oupnékhat d'Anquetil-Duperron, et par la traduction qu'en a donnée M. Eugène Burnouf. Je la lui emprunte, en n'y faisant que de très-légers changements :

RIG-VÉDA.

Aitareya-Brâhmana, dans l'Oupanishad Sarvasâra.

Les sens disputaient entre eux : « C'est moi qui suis le premier ; c'est moi qui suis le premier, » s'écriaient-ils. Puis ils se

(1) Il faut faire le mot *oupanishad* féminin en français, comme il l'est en sanscrit.

dirent : « Allons, sortons de ce corps ; celui d'entre nous qui en sortant du corps le fera tomber, sera le premier. »

La parole sortit : l'homme ne parlait plus ; mais il mangeait, il buvait et vivait toujours. La vue sortit : l'homme ne voyait plus ; mais il mangeait, il buvait et vivait toujours. L'ouïe sortit : l'homme n'entendait plus ; mais il mangeait, il buvait et vivait toujours. Le manas sortit : l'intelligence sommeillait dans l'homme ; mais il mangeait, il buvait et vivait toujours. Le souffle de vie sortit : à peine fut-il dehors, que le corps tomba ; le corps fut dissous ; il fut anéanti. De là vient que l'on donne au corps le nom de Çarîra. Il voit certainement s'anéantir son ennemi et son péché, celui qui sait cela.

Les sens disputaient encore : « C'est moi qui suis le premier ; c'est moi qui suis le premier, » s'écriaient-ils. Puis ils se dirent : « Allons, rentrons dans ce corps qui est à nous. Celui d'entre nous qui en rentrant dans ce corps le remettra debout, sera le premier. » La parole rentra : le corps gisait toujours. La vue rentra : il gisait toujours. L'ouïe rentra : il gisait toujours. Le manas rentra : il gisait toujours. Le souffle de vie rentra : à peine était-il rentré que le corps se releva. Celui-là fut le premier. Le premier des sens, en effet, est le souffle de vie même ; que l'on sache donc que le premier des sens est le souffle de vie. Les Dévas lui dirent : « C'est toi qui est le premier ; cet univers tout entier, c'est toi. Nous sommes à toi et tu es à nous. » C'est ce qu'a exprimé le sage inspiré quand il a dit : Tu es à nous et nous sommes à toi (1).

(1) M. Eugène Burnouf, trad. du *Bhâgavata-Pourâna*, t. I, préface, p. CLXXVI. Ce morceau est traduit dans l'*Oupnékhat*, t. II, p. 41 : Anquetil appelle cette Oupanishad Sarbsar. La même fable se retrouve, mais moins complète, dans la Vrihadaranyaka Oupanishad du *Yadjour-Véda* ; et M. Eug. Burnouf avait traduit aussi ce fragment. Voir le commentaire sur le *Yaçna*, t. I, seconde partie, p. CLXX. Enfin, on retrouve la même allégorie dans la Tchandogya Oupanishad du Sâma-Véda : voir l'*Oupnékhat*, t. I, p. 42. De ces trois versions d'une même idée, la plus belle est celle dont j'ai reproduit la traduction ; elle paraît la version originale

Une annexe de ce Brâhmana du *Rig-Véda*, l'Aitareya-Aranyakam, comprend dix-huit lectures, réparties inégalement en cinq livres ou âranyakas. Le second et le troisième livre forment, comme on le sait, une Oupanishad, appelée Bahvritch Brâhmana Oupanishad ; et les cinq derniers chapitres du second livre réunis, forment une Oupanishad nommée spécialement Aitareya Oupanishad.

Colebrooke en donne le morceau suivant, que je suis réduit à traduire encore sur l'anglais en l'absence du texte que je n'ai pas (1) :

A l'origine, tout cet univers n'était que l'âme; rien autre n'existait ni actif ni inactif. L'âme pensa : « Je créerai les mondes; » et aussitôt elle créa ces mondes divers, l'eau, la lumière, les êtres mortels et les eaux. L'eau est la région qui est au-dessus du ciel, que supporte le ciel ; l'atmosphère comprend la lumière ; la terre est mortelle ; et les régions inférieures sont les eaux.

L'âme pensa et se dit : « Voilà les mondes; je vais créer des gardiens de ces mondes. » Il tira donc des eaux et créa un être revêtu d'un corps. Il le vit ; et la bouche de cet être ainsi contemplé s'ouvrit comme un œuf. De sa bouche sortit la parole ; de la parole sortit le feu. Les narines s'écartèrent; et des narines sortit le souffle ; du souffle sortit l'air qui se propagea au loin. Les yeux s'ouvrirent; et des yeux s'élança une clarté ; et de cette clarté fut produit le soleil. Les oreilles se dressèrent ; et de l'oreille fut produite l'ouïe, et de l'ouïe furent produites les

dont les deux autres ne sont qu'un développement plus ou moins heureux. La pensée tout entière, avec le départ et le retour des sens, n'est que dans la version de la Sarvasâra. M. Eug. Burnouf a remarqué avec raison que cette allégorie rappelle celle des membres et de l'estomac, dont Ménénius Agrippa fit usage à Rome pour ramener le peuple à de meilleurs sentiments et le réconcilier avec le sénat.

(1) Colebrooke, *Essays*, t. I, p. 47.

régions de l'espace. La peau s'étendit; et de la peau naquit la chevelure; et c'est de la chevelure que naissent les arbres et les plantes. La poitrine s'ouvrit; et de la poitrine sortit l'esprit; et de l'esprit sortit la lune. Le nombril sortit; et du nombril vint la déglutition; et de cette déglutition, la mort. Les organes de la génération sortirent; de ces organes sortit la semence reproductrice, d'où coulèrent aussi les eaux.

Ces dieux ainsi créés tombèrent dans le vaste Océan; et ils vinrent vers l'âme tourmentés par la soif et la faim. Ils lui dirent : « Donne-nous une demeure moins vaste, pour que nous « puissions y trouver la nourriture dont nous avons besoin. » L'âme leur offrit la forme d'une vache; ils lui répondirent : « Ce « n'est pas suffisant pour nous. » L'âme leur proposa la forme d'un cheval; et ils dirent : « Ce n'est pas encore suffisant pour nous. » L'âme leur proposa la forme humaine et ils s'écrièrent : « Ah! c'est fort bien! c'est merveilleux! » et c'est de là qu'on a pu dire que l'homme seul est bien formé.

L'âme leur commanda ensuite d'occuper chacun leur place spéciale. Le feu devenu la parole entra dans la bouche. L'air devenu le souffle rentra dans les narines. Le soleil devenant la vue entra dans les yeux. L'espace devenant l'ouïe occupa les oreilles. Les arbres et les plantes devenant la chevelure remplirent la peau. La lune devenant l'esprit entra dans la poitrine. La mort devenant la déglutition entra dans le nombril. L'eau devenant la semence reproductrice, entra dans les organes de la génération.

La faim et la soif s'adressant à l'âme lui dirent : « Donne-nous nos places. » L'âme répondit : « Je vous distribue entre ces déités; et je vous fais entrer en partage avec elles. » De là vient que quelle soit la divinité à laquelle on fasse une offrande, la faim et la soif y prennent leur part.

L'âme réfléchit et se dit : « Voilà les mondes, voilà les gardiens des mondes; il faut que je crée la nourriture dont ils ont besoin. » L'âme regarda les eaux, et des eaux ainsi contemplées sortit la forme; et la nourriture est la forme qui fut ainsi produite.

La nourriture ainsi créée se retourna et songea à fuir. Le premier homme essaya de la prendre par la parole; mais il ne put l'atteindre par sa voix. S'il avait pu prendre la nourriture par la voix, la faim eût été satisfaite en nommant simplement la nourriture. Il essaya de la saisir par son souffle; mais il ne put l'aborder en respirant. S'il avait pu la prendre par le souffle, la faim aurait été satisfaite en odorant la nourriture. Il voulut la saisir par un regard; mais il ne put la surprendre ainsi. S'il avait pu la saisir par la vue, la faim eût été satisfaite en voyant la nourriture. Il essaya de la prendre avec l'ouïe; mais il ne put la prendre en l'écoutant. S'il l'avait saisie par l'ouïe, la faim aurait été satisfaite en entendant la nourriture. Il essaya de la prendre avec la peau; mais il ne put la retenir par son seul toucher. S'il l'avait saisie en la touchant, la faim eût été satisfaite en touchant la nourriture. Il désira encore la prendre par sa pensée; mais il ne put la saisir en y pensant. S'il l'avait saisie par la pensée, la faim eût été satisfaite en méditant sur la nourriture. Il essaya de la garder avec les organes générateurs; mais il ne put ainsi la saisir. S'il l'avait gardée de cette façon, la faim eût été satisfaite par l'émission. Enfin, il essaya de la prendre avec la déglutition; et de cette manière, il l'avala. Cet air qui est ainsi absorbé saisit la nourriture; et cet air est la condition de la vie.

L'âme entre ensuite dans le corps qu'elle anime; et de là, des détails fort étranges sur la génération, le développement du fœtus et la succession des êtres.

Le morceau, trop long pour que je puisse le donner ici sans lacunes, se termine ainsi :

Puisse le discours que je viens de prononcer être intelligent et vrai! puisse mon esprit être attentif à ce que je viens de dire! Montre-toi à mes yeux, ô intelligence qui te manifestes toi-même. Pour moi, ô ma parole! ô mon esprit! approchez de ce Véda. Que ce que j'ai entendu ne soit jamais oublié par moi! Que le jour et la nuit je retienne tout ce que j'ai appris! Que je pense la réalité; que je dise la vérité! Que cette prière me protége; qu'elle protége mon maître! qu'elle me protége! Que mon maître la garde! que mon maître la garde! qu'elle garde mon maître

Je ne veux pas pousser plus loin ces citations, qui peuvent déjà paraître trop longues. Je les ai choisies de manière à ce qu'on pût connaître par elle l'ensemble du Rig-Véda, dans ses hymnes d'abord, qui forment la Samhitâ et dans ses Brâhmanas, avec leurs Oupanishads, que n'en sépare point l'orthodoxie. Les autres Védas nous offriront un mélange non moins irrégulier de prières magnifiques et de légendes ridicules, de méditations sublimes et de rêveries puériles; c'est la rançon que paie trop souvent l'esprit humain.

III.

DU YADJOUR-VÉDA-BLANC ET DU YADJOUR-VÉDA-NOIR. — DU SAMA-VÉDA.

Le *Yadjour-Véda* se divise en deux Védas distincts: le *Yadjoush-Blanc*, appelé plus particulièrement *Vâdjasaneyi*, et le *Yadjoush-Noir*, appelé *Taittiriya.*

Voici, d'après les Pourânas et les commentateurs, l'origine de cette distinction. Le *Yadjour-Véda*, sous sa forme primitive, fut enseigné par Veisampâyana à vingt-sept élèves. Parmi eux se trouvait Yâdjnyavalkya, qui fut chargé par son maître de diriger l'instruction de ses condisciples. Mais un jour, Veisampâyana, courroucé contre Yâdjnyavalkya qui n'avait pas voulu partager avec lui l'expiation d'un meurtre involontaire, le contraignit de renoncer à la science qu'il lui avait jadis communiquée. Sur le champ Yâdjnyavalkya fut forcé de la rendre par la bouche sous une forme matérielle. Veisampâyana ordonna à ses autres disciples de reprendre le Véda qui venait de sortir de la bouche de Yâdjnyavalkya ; et pour exécuter cet ordre repoussant, ils se changèrent en perdrix. Les textes souillés qu'ils avalèrent sont nommés noirs pour cette raison ; et le Véda fut nommé *Taittiriya* de *tittiri*, qui signifie une perdrix. Quant à Yâdjnyavalkya, désolé d'avoir perdu la science qu'il avait acquise, il s'adressa, pour réparer cette perte, au soleil ; et, par sa faveur toute-puissante, il obtint une nouvelle révélation du *Yadjoush*, qui fut appelé *blanc* ou pur, pour le distinguer de l'autre Yadjoush qui avait été profané. On le nomme aussi Vâdjasaneyi, parce que Yâdnyavalkya comptait au nombre de ses ancêtres Vâdjasani ; ou bien parce que le soleil, en révélant ce Véda, prit la forme d'un cheval, *vâdjin*. De *vâdjin* vient aussi le nom particulier de Vâdjins, qu'on donne aux prêtres qui se consacrent à l'étude approfondie de ce Véda.

L'index du *Yadjoush-Noir* fournit une explication beaucoup plus simple de la distinction des deux Védas : si le *Yadjour-Véda-Noir* est appelé *Taittiriya*, c'est qu'il a été enseigné à un sage nommé Tittiri par Yâska, l'un des disciples de Veisampâyana (1). L'index du *Rig-Véda* se contente de dire que le *Yadjoush-Blanc* a été révélé à Yâdjnyavalkya par le soleil.

Le sujet traité par les deux *Yadjoush* est le même ; seulement l'exposition du *Yadjoush-Blanc* est beaucoup plus régulière que celle du *Yadjoush-Noir*.

La *Vâdjasaneyi* a seule trouvé un éditeur ; et M. A. Weber, de Berlin, en a déjà donné une partie considérable. Le *Yadjour-Véda-Blanc* est publié, comme le *Rig-Véda* de M. Max-Muller, sous le patronage de la Compagnie des

(1) Colebrooke, *Essays*, t. I, p. 15 et 16.

ndes orientales ; et par une juste condescendance, il paraît à la fois à Londres et à Berlin, où il est imprimé. La *Vâdjasaneyi* se compose, comme on se le rappelle, de la collection de prières liturgiques et d'invocations, le plus souvent en vers, parfois en prose, nommée *Vâdjasaneya Samhitâ*, et du *Çatapatha Brâhmana* ou *Brâhmana des cent chemins*. M. Weber a fini la *Vâdjasaneya Samhitâ* tout entière, à laquelle il a joint le commentaire de *Mahîdhara* ; le texte est celui de l'école Mâdhyandina. A la fin de chaque lecture, l'éditeur a réuni les variantes de l'école appelée *Kânva*, du nom de son fondateur comme la précédente. Deux cahiers du *Çatapatha Brâhmana* ont paru, comprenant les quatre premiers livres et le commencement du cinquième. Le texte est donné avec un choix de commentaires d'après la rédaction de l'école Mâdhyandina (*Mâdhyandida Çâkhâ*). La rédaction de l'école Kânva offre dix-sept livres ou Kândas au lieu de quatorze. Le nombre des Brâhmanas, que M. Weber porte dans le texte qu'il reproduit à quatre cent trente-huit (1), n'y est pas non plus le même ; ainsi, les deux rédactions présentent des différences qui peuvent sembler très-graves au premier coup d'œil, mais qui au fond ne portent que sur la division extérieure de l'ouvrage.

Jusqu'à présent, M. Weber n'a donné que le texte sanscrit des *Mantras*, du *Brâhmana* et des commentaires. Il promet pour plus tard une introduction, un glossaire, une traduction et des recherches originales sur toutes les questions que soulève cette étude. Je dirai de ce travail de M. Weber ce que j'ai déjà dit de celui de M. Max-Muller : il est attendu avec une juste impatience, et il est destiné à compléter très-utilement la grande publication

(1) Colebrooke, *Essays*, t. I, p. 50, dit 440 au lieu de 438.

qu'il doit accompagner. M. Weber se propose aussi de comparer tous les passages que la *Vâdjasaneyi* a empruntés aux autres Védas; c'est un soin nécessaire pour bien faire connaître les rapports des quatre Védas entre eux; et l'on peut déjà voir par l'édition que M. Benfey a donnée du *Sâma-Véda* et par les tables de M. Whitney, tout le profit qu'on doit tirer de ces concordances indispensables. Dans les morceaux que le *Yadjoush-Blanc* emprunte au *Rig-Véda*, c'est-à-dire dans toute sa partie en vers, on trouve souvent des variantes dont la grammaire surtout devra tenir le plus grand compte.

Colebrooke a, dans son analyse, indiqué les sujets de chacune des quarante lectures dont la *Vâdjasaneya-Samhitâ* se compose; je les ai moi-même rappelés en partie un peu plus haut (1). Ces formules, qui doivent être prononcées dans diverses cérémonies religieuses, sont en général assez courtes; et d'ordinaire elles ne forment pas, à proprement parler, des prières ou des hymnes du genre de ceux que nous avons vus dans le *Rig-Véda;* quelquefois ce ne sont guère que des litanies. Chaque lecture est subdivisée en *Kândikas* ou sections, plus ou moins longues, qui comprennent un certain nombre de vers de mètres très-variés, empruntés au *Rig-Véda* et appelés *Ritchas*, et de morceaux en prose mesurée appelés proprement *Yadjounshi*. Toutes ces sections qui se succèdent n'ont entre elles d'autre rapport que le détail même du culte auquel elles se rattachent; mais ce rituel prendra pour nous d'autant plus d'importance et d'intérêt que nous pénétrerons

(1) Voir plus haut, page 25. On peut lire aussi une analyse complète de ces quarante lectures dans les *Academische Vorlesungen*, etc., de M. A. Weber, p. 103 et suivantes. Les quinze dernières lectures lui paraissent plus récentes que les autres.

davantage dans la connaissance de la religion brahmanique. Aujourd'hui ce que nous cherchons surtout à savoir, c'est si le *Yadjour-Véda* contient comme le *Rig-Véda* des morceaux de cette poésie et de cette métaphysique qui nous ont tant frappés. En voici deux qui remplissent chacun une lecture entière, la 32e et la 40e.

YADJOUR-VÉDA-BLANC (1).

C'est le feu qui est Cela, qui est la cause première; c'est le soleil, c'est le vent, c'est la lune; c'est aussi le pur Brahma; ce sont les eaux; c'est le seigneur des créatures. Tous les instants qui mesurent le temps, sont sortis de sa personne éclatante, que nul être mortel ne peut embrasser et percevoir, ni au-dessus, ni autour, ni dans le milieu. Sa gloire est si grande, qu'il n'y a pas d'image qui la puisse représenter. C'est lui, dit la sainte Ecriture, qui est dans l'œuf d'or; c'est lui avant qui rien n'était né; c'est lui qui est le dieu de l'espace, lui qui est le premier-né; c'est lui qui est dans le sein fécond, lui qui sera produit éternellement; c'est lui qui demeure dans tous les êtres, sous les formes infinies qu'il revêt.

Lui avant qui rien n'est né; lui qui seul est devenu toutes choses; lui le seigneur des créatures, qui se plaît à créer, produisit les trois lumières : le soleil, la lune et le feu; et son corps est composé de seize membres.

A quel dieu offrirons nous nos sacrifices, si ce n'est à lui, qui a rendu l'air fluide et la terre solide, qui a fixé l'orbe solaire et l'espace céleste, qui a répandu les gouttes de la pluie dans l'atmosphère? A quel dieu offrirons-nous nos sacrifices, si ce n'est à lui, que contemplent mentalement le ciel et la terre, tandis qu'ils sont fortifiés et embellis par les offrandes pieuses, et qu'ils sont illuminés par le soleil qui roule au-dessus d'eux, et fécondés par les eaux qui les inondent?

(1) Extrait de la *Vâdjasâneya-Samhitâ*, 32e lecture, édition de M. A. Weber; Colebrooke, *Essays*, t. I, p. 56.

Le sage fixe ses yeux sur cet être mystérieux, dans lequel existe perpétuellement l'univers, qui n'a pas d'autre base que lui. En lui ce monde est absorbé; c'est de lui que le monde est sorti. Il est entrelacé et tissu dans toutes les créatures, sous les diverses formes de l'existence. Que le sage qui connaît tous les secrets de la révélation, s'empresse de célébrer cet être immortel, cet être dont l'existence est aussi mystérieuse que variée. Celui qui connaît ses trois états, de création, de durée et de destruction, enveloppés dans ce mystère, celui-là est le père du père. Ce Brahma en qui les dieux obtiennent l'immortalité, quand ils sont arrivés à la troisième région, est notre parent vénérable; c'est la providence qui gouverne tous les mondes et tous les êtres.

Connaissant les éléments, connaissant les mondes, connaissant toutes les régions et tous les espaces, adorant la parole qui est le premier-né, l'homme pieux embrasse l'esprit vivifiant du sacrifice solennel par la méditation de son âme. Comprenant que le ciel, la terre et l'air ne sont que Lui, connaissant que les mondes, découvrant que l'espace et l'orbe solaire ne sont que Lui, il voit cet être, il devient cet être; il s'identifie avec Lui, en achevant ce vaste et fécond tissu du solennel sacrifice.

Pour obtenir opulence et sagesse, j'adresse ma prière à ce maître admirable de l'être et du non-être, l'ami d'Indra, le feu, que désirent tous les êtres. Puisse cette offrande être efficace! O feu, rends-moi sage aujourd'hui de cette sagesse qu'adorent les dieux et nos pères! Puisse cette offrande être efficace! Puisse Varouna m'accorder la sagesse! Puissent le feu et Pradjapati m'accorder la sagesse! Puissent Indra et l'air m'accorder la sagesse! Puisse Brahma me donner la raison! Que le prêtre et le guerrier me défendent tous les deux! Que les dieux m'accordent la félicité suprême! A toi qui es cette félicité éternelle, puisse cette offrande te plaire et t'agréer!

Il est difficile que la piété la plus sincère s'exprime avec plus d'onction et de solennité. La notion que le poète se fait de la cause première n'est pas très-juste ni très-éclairée; mais le langage qu'il tient n'en est pas moins grand, et le sentiment qui l'inspire n'en est pas moins profond. Cet hymne est composé de seize slokas ou distiques de mesures différentes, gâyatrî, anoushtoubh, trishtoubh, etc., de vingt-quatre, trente-deux et quarante-quatre syllabes. Il est destiné à implorer d'une manière toute générale la protection du Dieu suprême ; et c'est là ce que signifie le nom de Sarvamédha, sous lequel sont connues cette trente-deuxième lecture et la suivante.

Le second morceau que je veux citer a un accent encore plus élevé que celui-ci. Il forme une Oupanishad, qu'on détache souvent du *Yadjour-Véda*, et qui se nomme alors *Isâ-Oupanishad*, d'après le premier mot qui la commence. William Jones, qui voulait par des extraits des Védas donner une idée de ces grands monuments et faire ce que Colebrooke n'a fait que quinze ans après lui, avait traduit cette Oupanishad (1). C'était un choix fort heureux, sans doute; mais il ne faudrait pas juger du *Yadjour-Véda-Blanc* sur ce seul échantillon; on en prendrait une trop bonne idée. Du reste, la traduction de William Jones n'est pas assez fidèle; j'ai dû m'en écarter plus d'une fois.

YADJOUR-VÉDA-BLANC, ISA-OUPANISHAD (2).

Un maître souverain régit ce monde des mondes; nourris-toi de cette unique pensée en abandonnant toutes les autres, et ne

(1) OEuvres posthumes, t. XIII, édit. de lord Teignmouth. William Jones projetait une histoire de la religion primitive des Indous, quand la mort vint l'arrêter. C'est encore aujourd'hui un *desideratum* de la science.

(2) *Vâdjasaneyi-Samhitâ*, édit. de M. Weber, p. 978; William Jones, *OEuvres posthumes*, t. XIII, p. 374; Rammohun Roy, Translations, etc., Londres, 1832; *Bibliotheca Indica*, 8e volume.

convoite le bonheur d'aucune créature. L'homme qui accomplit ses devoirs religieux, peut désirer vivre cent années; mais même alors il n'y a pas pour toi, il n'y a pas pour l'homme d'autres devoirs que ceux-là. Il est des lieux livrés aux malins esprits, couverts de ténèbres éternelles; c'est là que vont après leur mort ces êtres corrompus qui ont tué leur âme.

Cet être unique que rien ne peut ébranler, est plus rapide que la pensée; et les dieux eux-mêmes ne peuvent comprendre ce moteur suprême qui les a tous devancés. Tout immobile qu'il est, il dépasse infiniment tous les autres; et le vent n'est pas plus léger que lui. Il meut ou il ne meut pas, comme il lui plaît, le reste de l'univers; il est loin, il est près de toutes les choses; il remplit cet univers entier, et il le dépasse encore tout entier infiniment.

Quand l'homme sait voir tous les êtres dans ce suprême esprit, et ce suprême esprit dans tous les êtres, il ne peut plus dédaigner quoi que ce soit. Pour celui qui a compris que tous les êtres n'existent que dans cet être unique, pour celui qui a senti cette identité profonde, quel trouble, quelle douleur peuvent désormais l'atteindre? L'homme alors arrive à Brahma lui-même : il est lumineux, sans corps, sans mal, sans matière, pur, délivré de toute souillure; il sait, il prévoit, il domine tout; il ne vit que par lui seul, et les êtres lui apparaissent tels qu'ils furent de toute éternité, toujours semblables à eux-mêmes.

Ils sont tombés dans une nuit bien profonde ceux qui ne croient pas à l'identité des êtres; ils sont tombés dans une nuit bien plus profonde encore, ceux qui ne croient qu'à leur identité. Il est une récompense pour ceux qui croient à l'identité des êtres; il en est une autre pour ceux qui croient à la non-identité. Voilà ce que nous avons appris des sages qui nous ont transmis cette tradition sainte. Celui qui connaît à la fois et l'identité éternelle des êtres et leur destruction successive, celui-là évite la mort en croyant à leur destruction; mais il gagne d'être immortel en croyant à leur identité.

Ils sont tombés dans une nuit bien profonde ceux qui restent dans l'ignorance des devoirs religieux ; ils sont tombés dans une nuit bien plus profonde encore, ceux qui se contentent de la science de ces devoirs. Il est une récompense pour la science ; il en est une autre pour l'ignorance : voilà ce que nous avons appris des sages qui nous ont transmis cette tradition sainte. Celui qui connaît à la fois et les effets de la science et les effets de l'ignorance, celui-là évite la mort parce qu'il connaît l'ignorance; mais il obtient l'immortalité, parce qu'il connaît la science.

Que le vent, que le souffle immortel emporte ce corps qui n'est que cendre (1); mais ô Brahma, rappelle-toi mes intentions, rappelle-toi mes efforts, rappelle-toi mes actions. O Agni, conduis-nous par des voies sûres à la béatitude éternelle; ô Dieu, qui connais tous les êtres, purifie-nous de tout péché, et nous pourrons te consacrer nos adorations les plus saintes. Ma bouche ne cherche que la vérité dans cette coupe d'or. Cet homme qui t'adore sous la forme du soleil au disque brillant, cet homme, c'est moi, ô Brahma ! ô soleil éternel, entends ma prière.

En relisant cet admirable morceau, je ne puis m'empêcher de faire une remarque : c'est qu'il a une ressemblance frappante avec la *Bhagavad-Guitâ*. Le fond des idées est à peu près le même, quoiqu'ici la croyance religieuse soit plus simple et plus pure; le sentiment est pareil; et l'expression est parfois presque identique. L'*Isâ-Oupanishad* est une prière; et la *Bhagavad-Guitâ* est un épisode d'un poème épique. L'une est concise et sobre; l'autre est d'une diffusion et d'une intempérance extrêmes; mais à part ces différences, qui ne portent guère que sur la forme, le

(1) William Jo. es a in'erverti l'ordre de ces derniers slokas; de plus, il en a dix-huit au lieu de dix-sept ; il aura suivi sans doute un autre texte que celui de l'école Mâdhyandina, reproduit par M. Weber.

Mahâbhârata et le *Yadjoush-Blanc* sont d'accord ; et il serait assez difficile de distinguer la voix de l'un de celle de l'autre (1). Je ne veux tirer ici aucune conséquence de ce rapprochement ; mais si la *Bhagavad-Guitâ*, comme on le croit, a puisé ses doctrines dans l'yoguisme de Patandjali, on peut voir comment le Véda est la source de l'yoguisme lui-même, et comment la religion a pu inspirer la philosophie, venue très-long temps après elle.

J'ajoute que ces hautes et sérieuses méditations, rendues dans le plus magnifique langage, sont faites pour donner du génie indien la plus sérieuse estime. Parfois, l'on est tenté de se demander si c'est l'Himâlaya ou le Sinaï qui a jadis entendu ces vers sacrés. Mais cette grande idée de l'unité de Dieu s'est perdue dans l'Inde, au lieu de s'y développer ; elle a été absorbée dans le panthéisme ; et ces germes précieux ont péri sous l'amas des superstitions les plus déplorables.

De la *Vâdjasaneyi-Samhitâ*, je passe au Brâhmana qui la suit, et qui fait la seconde partie du *Yadjour-Véda-Blanc*.

Le *Çatapatha-Brâhmana*, dans ses quatorze livres, explique, section par section, vers par vers, mot pour mot, la *Samhitâ ;* il en omet plusieurs lectures, au nombre de dix, les 21e, 26e, 27e, 28e, 29e, 32e, 33e, 34e, 36e et 40e, qu'il laisse sans les éclaircir (2), je ne saurais dire pourquoi. Mais, d'ordinaire, il commente la *Vâdjasaneyi* ; et, pour la faire mieux comprendre, il ajoute à ses explications des récits et des légendes. J'en donnerai deux qu'a

(1) La *Bhâgavad-Guitâ* s'appelle elle-même une Oupanishad.

(2) Voir l'édition de la *Vâdjasaneyi* de M. Weber, p. XII et suiv., et ses *Academische Vorlesungen*, p. 103 et suiv.

déjà fait connaître M. Weber, et qui, malgré leur bizarrerie, sont d'un grand intérêt. La première légende se rapporte à la tradition du déluge telle qu'elle s'est conservée dans l'Inde ; je ne m'arrête point aux questions de toute nature que cette tradition peut faire naître, et je veux simplement montrer ici toute la distance qui sépare le *Çatapatha-Brâhmana* de la partie du *Yadjour-Véda-Blanc* que nous connaissons déjà. Je renvoie ceux des lecteurs qui voudraient aller plus loin aux savantes dissertations de M. Eug. Burnouf et de M. Weber (1). Je me borne à faire observer que le *Çatapatha-Brâhmana* ne présente point le déluge comme un châtiment infligé aux hommes. Le genre humain, selon lui, est bien aussi détruit tout entier, puisque Manou doit ensuite repeupler la terre avec sa fille ; mais cette destruction, suite toute naturelle d'une grande catastrophe, n'est point une expiation. Il convient de noter cette différence essentielle. Comme le déluge a certainement couvert toutes les parties de la terre, rien d'étonnant que la tradition s'en soit partout conservée ; mais ce qu'il importe de savoir, ce sont les idées religieuses et morales que les peuples ont rattachées à ce souvenir, dont tout leur attestait la certitude évidente. Le récit du *Çatapatha-Brâhmana* est purement historique ; et, à ce titre, il n'en est pas moins curieux, malgré l'absence de toute chronologie, même un peu probable.

(1) M. Eug. Burnouf, *Bhâgavata-Pourâna*, t. III, p. XXVII et suiv. de la préface ; et M. Weber, *Indische Studien*, t. I, page 160.

YADJOUR-VÉDA-BLANC (1).

Le matin, les serviteurs de Manou lui apportèrent de l'eau pour l'ablution, comme on en apporte encore aujourd'hui quand on veut se laver les mains. Manou s'étant lavé, un poisson lui vint dans la main, et ce poisson lui adressa ces mots : « Protége-moi, et je te sauverai. — Et de quoi veux-tu me sauver? — Un déluge détruira toutes les créatures vivantes; moi, je puis te sauver de ce déluge. — Quelle protection te faut-il? » Le poisson répondit : « Tant que nous sommes petits, un grand danger nous menace, car le poisson ne se fait pas faute de dévorer le poisson. D'abord, tu me protégeras en me gardant dans un vase. Quand je serai devenu trop grand pour que ce vase me contienne, tu creuseras un bassin, et tu me protégeras en m'y conservant; quand je serai devenu trop grand pour le bassin, alors tu me jetteras dans la mer; car, de ce moment, je serai assez fort pour me défendre contre tous les dangers. » Le poisson devint bientôt énorme, car il croissait très-rapidement; puis il dit : « Quand viendra l'année où aura lieu ce déluge, tu peux, en te rappelant mes conseils, préparer un navire; et quand le déluge arrivera, tu monteras sur le navire que tu auras construit, et alors je te sauverai. » Manou ayant nourri et protégé le poisson, le rejeta ensuite dans la mer; et dans cette même année que lui avait indiquée le poisson, il prépara son navire en pensant au conseil qu'il avait reçu. Quand le déluge fut venu, il monta sur le vaisseau. Le poisson vint vers lui en nageant, et Manou passa le câble du navire à la corne du poisson pour qu'il le conduisît à la montagne du Nord. Puis le poisson dit : « Je t'ai sauvé; maintenant attache ton navire à un arbre, afin que l'eau ne t'entraîne pas, bien que ton vaisseau soit sur

(1) Extrait du *Çatapatha-Brâhmana*, Ier liv., lect. VIII, 1re chap., p. 175 de l'édition de M. Weber. Voir aussi M. Weber, *Indische Studien*, t., p. 163.

une montagne. Quand l'eau se retirera, alors tu pourras sortir de ton vaisseau. » Manou n'en sortit en effet que quand l'eau se fut retirée, et c'est de là que vient le nom que porte encore cette montagne : La descente de Manou sortant de son navire. Le déluge détruisit toutes les créatures vivantes, et Manou fut le seul qui survécut. Ensuite, il passait sa vie à prier et à jeûner pour obtenir des enfants. Il fit donc le sacrifice du Pâka, et offrit aux Eaux du beurre, du lait, du fromage et du caillé. Il continua ses offrandes; et, au bout d'un an, il s'en forma une femme qui en sortit, et le beurre coulait à ses pieds. Mitra et Varouna, s'étant approchés d'elle, lui dirent : « Qui es-tu ? — La fille de Manou. — Veux-tu être à nous? — Non, dit-elle, j'appartiens à celui qui m'a fait naître. » Ils la pressèrent encore; mais elle éluda leurs instances et s'en vint à Manou. Manou lui demanda : « Qui es-tu? — Je suis ta fille. — Comment, ma chère, es-tu ma fille? — Ces offrandes que tu as faites aux Eaux, ce beurre, ce lait, ce fromage, ce caillé, m'ont donné la naissance. Je suis le vœu que tu formas jadis. Aie rapport avec moi durant le sacrifice; et si tu y consens, tu deviendras riche en postérité et en troupeaux; le souhait que tu formeras avec moi s'accomplira tout entier. » Manou eut donc rapport avec elle dans le sacrifice, dans le milieu du sacrifice; car le milieu du sacrifice est ce que l'on fait entre les cérémonies préliminaires et les cérémonies finales. Il vivait avec elle, priant et jeûnant, et faisant des vœux pour obtenir de la postérité; par elle, il procréa cette race qui s'appelle encore aujourd'hui la race de Manou, et le vœu qu'il forma de concert avec elle s'accomplit tout entier.

Le second morceau que j'extrais du *Çatapatha-Brâhmana* est à peu près du même genre que le précédent, si ce n'est qu'il est encore plus étrange. A côté de la tradition du déluge, une tradition contraire s'est conservée : au lieu de l'eau, c'est le feu qui ravage la terre. Les traces que le feu a laissées sur notre globe ne sont guère moins certaines, mais elles sont moins visibles que celles des eaux. Les récits de cette autre catastrophe dont la terre a été le témoin et la victime, sont moins nombreux et moins présents parmi les peuples; c'est une raison pour recueillir avec plus de soin encore les rares souvenirs qui en sont restés. Je ne nie donc point que sous ces légendes il n'y ait des faits irrécusables dont l'histoire doive tenir compte; mais le temps n'est pas venu peut-être de les interpréter, et je ne chercherai point davantage à expliquer ce second fragment du *Çatapatha-Brâhmana* que je ne l'ai fait pour le premier. Seulement, dans celui-ci, la géographie peut trouver quelques indications précieuses sur les divisions de l'Inde dans ces temps reculés.

YADJOUR-VÉDA-BLANC (1).

Mâthava-Vidégha portait dans sa bouche Agni Veisvânara; Gotama Râhougana, Rishi, était son pourohita, son prêtre domestique. Le Rishi adressait en vain ses questions à Mâthava; Mâthava ne lui répondait pas, pensant ainsi : Je ne veux pas qu'Agni Veisvânara tombe de ma bouche. Le Rishi commença cet hymne :

Nous t'allumons par nos chants, toi, le prêtre divin,
O Agni, si brillant dans le sacrifice, ô Vidégha.

Mâthava ne répondait pas davantage et semblait ne pas entendre.

O Agni, voici tes rayons brillants qui s'élèvent;
Voici tes étincelles, voici tes flammes, ô Vidégha.

Mâthava semblait toujours ne pas entendre le Rishi :

O Agni, toi qu'arrose le beurre clarifié....

(1) Extrait du *Çatapatha-Brâhmana*, Ier liv., lect. IV, Ier chap., 10-18, p. 34 de l'édit. de M. Weber; *Indische Studien*, II, p. 170.

Le Rishi allait continuer, mais à ce nom d'Agni qu'il prononçait, Agni Veisvânara flamboya hors de la bouche de Mâthava, qui n'eut plus la force de le retenir ; et Agni, en sortant de sa bouche, tomba sur cette terre. Mâthava Vidégha se plongea dans les eaux de la Sarasvati. Agni se répandit sur la terre à l'est en la brûlant. Gotama Râhougana et Mâthava Vidégha le suivaient, par-derrière les flammes qu'il produisait. Agni dessécha et consuma toutes les rivières; mais il ne dessécha point la Sadânîrâ, qui descend de la montagne du nord et que les Brahmanes n'ont jamais franchie, en se disant : Elle n'a point été desséchée par Agni Veisvânara. Maintenant, un grand nombre de Brahmanes habitent à l'est de cette contrée, qui d'abord était inhabitable et qui était toujours inondée avant qu'Agni Veisvânara ne l'eût visitée. Mais aujourd'hui cette contrée est habitable, et les Brahmanes l'ont fécondée par leurs pieux sacrifices. La Sadânîrâ, même à la fin de l'été brûlant, coule toujours à pleins bords, et elle garde ses eaux fraîches, parce qu'elle n'a pas été desséchée par Agni Veisvânara. Mais Mâthava Vidégha, s'adressant à Agni, lui demanda : « Où dois-je maintenant habiter? — Tu dois habiter à l'est de cette rivière, » lui répondit Agni; et cette rivière est encore aujourd'hui la limite du Kosala et du Vidéha qu'occupent les descendants de Mâthava. Alors le rishi Gotama Râhougana lui dit : « Pourquoi ne répondais-tu pas aux questions que nous t'adressions? » Mâthava lui dit : « C'est qu'Agni Veisvânara était dans ma bouche, et je craignais qu'il n'en sortît; voilà pourquoi je ne répondais point. — Mais comment est-il sorti de ta bouche? — C'est au moment où tu as dit : « Toi qu'arrose le beurre clarifié ; » à ce mot, Agni Veisvânara flamboya hors de ma bouche; et comme je ne pouvais plus le retenir, il tomba de ma bouche sur la terre. »

Je pourrais, s'il en était besoin, joindre à ces deux morceaux ceux qu'a donnés Colebrooke de la *Vrihad Aranyaka Oupanishad*, qui forme une partie du XIVe livre du *Çatapatha Brâhmana* (1), et qui termine la Vâdjasaneyi. Ces nouvelles citations auraient tout à fait le caractère des deux précédentes; je ne crois pas utile de les faire; elles n'ajouteraient rien à ce que nous savons; et les fragments donnés par Colebrooke ne sont ni moins singuliers ni moins obscurs que ceux que nous venons de voir. Je quitte donc le *Yadjour-Véda-Blanc*, qui doit nous être assez connu maintenant, et je passe au *Yadjour-Véda-Noir*.

Je ne sais s'il entre dans les intentions de M. A. Weber, le très-habile et très-laborieux éditeur de la *Vâdjasaneyi*, de publier le *Yadjour-Véda-Noir;* mais s'il m'est permis de lui exprimer mon désir, je voudrais qu'il poursuivît son œuvre, et qu'au premier *Yadjour* il tâchât, si ses travaux et ses forces le lui permettent, de joindre le second (2). Le *Yadjour-Véda-Noir*, bien qu'il traite des mêmes matières que le *Yadjoush-Blanc*, n'en est pas une copie; il n'en est pas non plus une rédaction nouvelle, comme le prouve la légende qui a été citée plus haut. C'est un autre ouvrage, une révélation différente sur un sujet pareil. Les prières ou mantras du *Yadjoush-Noir* sont plus étendues, plus nombreuses que celles du *Yadjoush-Blanc*; mais ce sont, en général, des morceaux confus et presque sans suite. Le *Yadjour-Véda* ne sera connu dans sa totalité que quand on possèdera les deux parties dont il se compose. Jusqu'à

(1) Voir Colebrooke, *Essays*, t. I, p. 64, et aussi l'*Oupnékhat* d'Anquetil-Duperron, qui a reproduit la *Vrihad Aranyaka oupanishad*, t. I, p. 122 et suiv.

(2) M. Weber a déjà donné un article fort curieux sur le *Taittiriya Yadjour-Véda* dans ses *Indische Studien*, t. I, p. 64, et une analyse très-détaillée dans ses *Academische Vorlesungen*, p. 83 et suiv.

présent, le *Yadjoush-Noir* a été presque aussi ignoré que l'*Atharva-Véda*; c'est une lacune qui sans doute sera bientôt comblée. Il existe deux récensions connues du *Yadjour-Véda-Noir*, l'une en sept livres, de l'école Apastamba; l'autre en cinq livres, de l'école Kâthaka. Je me borne à citer les deux morceaux suivants, que j'emprunte à Colebrooke, sans avoir pu les vérifier sur les textes. L'un fait partie de la *Samhitâ* elle-même du *Yadjour-Noir*; l'autre n'appartient qu'à l'une de ses *Oupanishads*. Le *Yadjour-Véda-Noir* a, d'ailleurs, son *Brâhmana* comme les autres Védas; mais rien encore n'en est connu. Il se distingue à peine de la *Samhitâ* qu'il répète.

Voici le premier morceau de la *Samhitâ* :

YADJOUR-VÉDA-NOIR (1).

Il n'y avait alors que les eaux : ce monde n'était originairement que de l'eau. Dans cette eau s'agitait le maître de la création, qui était devenu l'air. Il prit cette terre, et il la soutint en revêtant la forme d'un sanglier. Puis il modela cette terre, en devenant Visvakarman, l'ordonnateur de l'univers. La terre devint belle et resplendissante; et de là lui fut donné le nom de Prithivi, qu'elle a gardé.

Le maître de la création médita profondément sur la terre; et il créa les dieux, les Vasous, les Roudras et les Adityas. Ces dieux s'adressèrent au maître de la création et lui dirent : « Comment pouvons-nous former des créatures? » Il leur répondit : « Comme je vous ai formés vous-mêmes, par une profonde méditation. Cherchez aussi dans la pieuse contemplation le moyen de multiplier les êtres. » Il leur donna ensuite le feu con-

(1) Extrait du 7e et dernier livre de la *Samhitâ* du *Taittiriya Yadjour-Véda*, liv. VII, chap. 1, section 5; Colebrooke, *Essays*, t. I, p. 65.

sacré et leur dit : « Avec ce feu du sacrifice, remplissez tous les devoirs que la piété impose. » Grâce à ce feu, les dieux accomplirent des austérités; et en une année, ils eurent créé une vache. Le maître du monde la donna aux Vasous, aux Roudras, aux Adityas, en leur recommandant tour à tour de la garder. Les Vasous, les Roudras, les Adityas la gardèrent successivement; elle fit des veaux, et elle en fit trois cent trente-trois pour les Vasous, autant pour les Roudras et autant pour les Adityas; et elle était elle-même la millième.

Les dieux s'adressèrent ensuite au maître de la création, et lui demandèrent de leur apprendre comment ils pourraient accomplir un acte solennel de religion avec un millier de vaches. Il engagea les Vasous à sacrifier avec l'Agnishtoma, et ils conquirent le monde qu'ils donnèrent aux prêtres. Il engagea les Roudras à sacrifier avec l'Oukthya, et ils obtinrent la région moyenne qu'ils donnèrent également pour le prix d'un sacrifice. Enfin, il engagea les Adityas à sacrifier avec l'Atrirâtra, et ils acquirent cet autre monde, qu'ils donnèrent aux prêtres en pur don.

Le second morceau, que je traduirai pour faire connaître le *Yadjoush-Noir*, n'est pas extravagant comme celui-ci; mais il ne nous offrira pas davantage les beautés que nous avons admirées dans quelques autres parties du Véda. C'est une conversation entre un père et son fils, auquel il donne une instruction religieuse; nous avons déjà vu des dialogues de ce genre, et l'*Oupnèkhat* en est rempli.

YADJOUR-VÉDA-NOIR (1).

Bhrigou, le fils de Varouna, s'approcha de son père, et lui dit : « O père vénérable, fais-moi connaître Brahma. » Va-

(1) Troisième et dernier chapitre de la *Vârouni*, ou seconde partie de la *Taittiriyaka Oupanishad*, fragment de la *Taittiriya Oupanishad*; Colebrooke, *Essays*, t. I, p. 76.

BIBLIOTHÈQUE ...

rouna nomma successivement la nourriture ou le corps, la vérité ou la vie, la vue, l'ouïe, l'esprit ou la pensée et la parole. Puis il dit : « Ce qui produit tous les êtres, ce qui les fait vivre quand ils sont nés, ce qui est leur but commun et ce qui les absorbe, voilà Brahma que tu cherches. »

Bhrigou médita profondément, et s'étant tenu dans une pieuse contemplation, il reconnut que la nourriture ou le corps c'est Brahma; car tous les êtres sont le produit de la nourriture; quand ils sont nés, ils ne vivent que par la nourriture; ils ont tous pour but commun de se nourrir; ils s'absorbent dans la nourriture. Bhrigou comprit tout cela; mais n'étant pas encore complètement satisfait, il s'approcha de son père Varouna, et lui dit encore : « O père vénérable, fais-moi connaître Brahma. » Varouna lui répondit : « Cherche la connaissance de Brahma dans une pieuse méditation : Brahma est une contemplation profonde. »

Bhrigou ayant profondément médité, reconnut que Brahma est le souffle de vie; car toutes choses sont le produit du souffle vital : quand elles sont nées, c'est le souffle vital qui les fait vivre; elles ont pour but commun le souffle vital, et c'est en lui qu'elles s'absorbent. Bhrigou comprit tout cela, et s'approchant de nouveau de Varouna, il lui dit : « O père vénérable, fais-moi connaître Brahma. » Varouna lui répondit : « Cherche-le par une méditation profonde; c'est là qu'est Brahma. »

Bhrigou médita longtemps dans une contemplation profonde et découvrit que Brahma est l'intelligence; car tous les êtres sont aussi le produit de l'intelligence : quand ils sont nés, c'est par l'intelligence qu'ils vivent; l'intelligence est leur but commun, et c'est dans l'intelligence qu'ils s'absorbent. Il comprit tout cela, et revenant encore à son père, il lui dit : « O père vénérable, fais-moi connaître Brahma. » Varouna lui répondit de nouveau : « Cherche-le par une pieuse contemplation; Brahma est une méditation profonde. »

Bhrigou réfléchit donc profondément, et ayant médité dans

une pieuse contemplation, il reconnut que le bonheur ou ânanda est Brahma; car tous les êtres sont produits par le plaisir : quand ils sont nés, ils ne vivent que par le plaisir; leur but commun est le bonheur, et c'est dans la félicité éternelle qu'ils s'absorbent.

Telle est la science acquise par Bhrigou qu'instruisait Varouna, science qui se fonde sur l'esprit suprême et éthéré. Celui qui la connaît s'appuie sur la même base que lui; il acquiert une nourriture abondante, et il devient un feu brûlant qui consume les aliments; il a une postérité nombreuse, de riches troupeaux, les perfections les plus saintes; et sa gloire se répand au loin.

Ainsi qu'on a pu s'en convaincre, le *Yadjour-Véda*, comme le *Rig-Véda*, renferme les morceaux les plus disparates, qui évidemment appartiennent à des époques diverses. Nous avons pu distinguer des nuances très-dissemblables entre les hymmes mêmes du *Rig-Véda;* nous en avons distingué surtout entre la Samhitâ du *Rig-Véda* et ses Brâhmanas. Le *Çatapatha Brâhmana* ne s'éloigne pas moins de l'*Isa Oupanishad;* et le *Yadjoush-Noir* nous a offert les mêmes contrastes.

Le *Sâma-Véda*, dont je vais maintenant m'occuper, en présente d'aussi frappants entre les Mantras qui forment la Samhitâ, et les Brâhmanas avec les Oupanishads qui s'y rattachent.

L'édition que M. Benfey a donnée de la Samhitâ du *Sâma-Véda*, est aussi complète qu'on la puisse désirer; elle est certainement l'un des travaux les plus estimables et les plus utiles que les études sanscrites aient produits dans ces derniers temps. Texte, glossaire, traduction, concordances de ce Véda avec les autres, connaissance exacte de toute la littérature védique, rien n'y manque; et, en étudiant cet excellent livre, on peut comprendre de la manière la plus satisfaisante et la plus claire le monument qu'il reproduit et qu'il explique.

Un fait qui avait échappé à l'attention si scrupuleuse de Colebrooke, mais qu'avait signalé M. Roth (1), et que M. Benfey a mis hors de doute, c'est que le *Sâma-Véda* n'est qu'une répétition mot pour mot, vers pour vers, des autres Védas. Il contient 1,808 vers, dont 336 sont répétés de la première partie (Pourvârtchikam) dans la dernière (Outtarârtchikam); il n'y a donc que 1,472 vers différents. Sur ce nombre, 1,401 sont empruntés au *Rig-Véda* tout seul. Depuis, M. Weber en a retrouvé quelques autres dans le *Yadjour-Véda-Blanc* (2), sans parler de ceux qui sont reproduits dans les trois Védas, au nombre de 172. Il est même probable que des recherches ultérieures amèneront à découvrir dans le *Ritch* sans exception les 71 vers que M. Benfey n'y a pas encore retrouvés. Les commentateurs indiens affirment positivement que le *Sâman* est tout entier dans le *Rig-Véda*, et Sâyana répète cette tradition dans la préface de son commentaire sur le *Ritch*. Ce qui explique peut-être que M. Benfey n'ait pu éclaircir ce point, qui semble assez simple, c'est que parfois le *Sâma-Véda* ne reproduit pas le vers entier; il n'en reproduit que la moitié, et même le quart. Ces dislocations assez fréquentes des vers originaux dissimulent les emprunts qui ont été faits, et peuvent les cacher même aux yeux les

(1) M. Roth, *Zur Litteratur und Geschichte des Veda*, p. 4.

(2) M. A. Weber, *Indische Studien*, t. I, p. 62, et *Academische Vorlesungen*, p. 62. Dans ce dernier ouvrage, M. A. Weber porte le nombre des vers du *Sâman* à 1,810, dont 261 répétés : il reste donc 1,549 vers différents, dont 70 ne se retrouvent pas dans le *Rig-Véda*. Voir aussi la table de M. Whitney, *Indische Studien*, t. II, p. 321.

plus attentifs et les plus exercés. En outre, il y a des passages du *Rig-Véda* qui, comme le remarque M. Benfey lui-même, manquent dans certains exemplaires; et il est possible que celui dont il se servait, présentât des lacunes où il aurait reconnu les vers du *Sâma-Véda*.

Un fait très-remarquable, c'est que le *Sâman*, en empruntant tous ses vers au *Rig-Véda*, offre des variantes très-fréquentes, que M. Benfey a notées avec le soin le plus scrupuleux, et que ces variantes présentent des formes grammaticales évidemment plus anciennes que celles du *Ritch* lui-même. Le *Sâman* a-t-il donc été recueilli avant le *Rig-Véda;* et dans l'intervalle, la langue a-t-elle donc changé? questions des plus intéressantes, mais aussi des plus obscures. Quoi qu'il en puisse être, le fait n'en est pas moins certain : le *Sâman* n'est point, à vrai dire, un Véda nouveau; c'est un extrait des autres Védas, et surtout du *Rig-Véda*, arrangé pour les besoins du culte et pour le chant.

Aussi le savant éditeur n'a-t-il pas manqué de mettre dans le texte même et sur chaque mot les notations musicales (1) qui doivent guider la voix des Oudgatris, ou prêtres chargés exclusivement de chanter les hymmes. Le sens du mot *sâman* n'est pas très-bien fixé ; selon Pânini, cité par M. Benfey, *sâmani* ne signifierait pas autre chose que *guttayah*, c'est-à-dire des chants (Pânini, I, 2, 34). Mais les vers du *Sâma-Véda*, s'ils portent le nom de sâmani, doivent aussi s'appeler des ritchas, puisqu'ils se retrouvent dans le *Rig-Véda*, d'où ils ont été tirés. Colebrooke, d'après les commentateurs (2), dit que la racine

(1) Voir, dans la préface de M. Benfey, p. VI et suiv., la description des quatre recueils musicaux du Sâman, ou Gânas, qu'il a collationnés.

(2) Colebrooke, *Essays*, I, 79.

sho, so et *sa*, d'où dérive le mot *sâman*, signifie *détruire*, et que le *Sâma-Véda* est ainsi nommé parce qu'il détruit le vice dans le cœur de ceux qui le lisent. Les deux explications n'ont rien de contradictoire, si ce n'est en ce qui regarde l'étymologie; et il est possible que les Indiens attachent à la récitation chantée de cette partie de l'écriture sacrée une vertu qui purifie les péchés.

Quoi qu'il en puisse être, le *Sâma-Véda* se divise en deux parties (poûrvârtchikam et outtarârtchikam), dont la première est à peu près la moitié de la seconde. Le poûrvârtchikam se partage, dans celle des deux récensions qu'a suivie M. Benfey, en six prapâthakas ou livres, subdivisés chacun en deux moitiés ou ardhas. Chaque ardha contient cinq daçatis ou dizains; mais les vers de chaque dizain ne sont pas toujours exactement au nombre de dix : ils sont tantôt plus, tantôt moins; et ils sont toujours séparés, chacun d'eux formant un sens complet. L'outtarârtchikam offre des divisions différentes : les prapâthakas ou livres, au nombre de neuf, sont partagés, les cinq premiers en deux ardhas chacun, tandis que les quatre autres en comptent chacun trois. Les vers ne sont plus distribués en daçatis ou dizains, et l'on en trouve de vingt-sept à quatre-vingt-quatorze dans les différents ardhas. Il y a en tout dans l'outtarârtchikam trois cent quatre-vingt-dix-huit hymnes; mais ces hymnes prétendus n'ont souvent que trois ou quatre vers; parfois même ils n'en ont qu'un seul (1). Evidemment ce sont des fragments de poèmes plus étendus. Une récension du *Sâma-Véda* célèbre dans

(1) Ce fait très-singulier et très-remarquable se présente déjà dans le *Rig-Véda*. Voir la traduction de M. Langlois, t. I, p. 189, section I, lecture VII, hymne 5. D'autres fois, l'hymne n'a que deux ou trois vers.

l'Inde, celle de la Neiguéya Çakhâ, ou branche de l'école Kaouthouma, le divise d'une façon toute autre que celle qui est adoptée par M. Benfey ; et ce qui est plus grave, elle porte le nombre des vers dans le poûrvârtchikam à six cent quarante et un, au lieu de cinq cent quatre-vingt-cinq, en ajoutant un septième prapâthaka.

Pour qu'on puisse bien comprendre le procédé qu'a suivi le compilateur du *Sâma-Véda*, je cite le premier hymme; le voici :

SAMA-VÉDA (1).

1. Agni, viens à ce festin que nous t'offrons; viens à cette libation que nous répandons pour toi, au milieu des hommages que nous t'adressons. Viens t'asseoir à l'autel comme le prêtre du sacrifice.

2. C'est toi, Agni, qui as été donné par les Dieux au genre humain comme le ministre de tous les sacrifices.

3. Nous adorons Agni, le messager céleste, le ministre du sacrifice, le dieu qui procure tous les biens, le guide infaillible de l'oblation sainte que nous faisons aujourd'hui.

4. Puisse Agni dissiper la troupe de nos ennemis, Agni se plaisant à nos hommages, enflammé de tous ses feux, chargé de nos offrandes.

5. J'adore Agni, l'hôte vénérable que vous recevez; je le chante comme le plus cher de nos amis ; je le célèbre commo un char rempli de richesses.

6. O Agni, protége-nous de ta puissance contre tous les méchants, contre le mortel jaloux qui veut nous frapper.

7. Viens, ô Agni, je veux te célébrer par un nouveau chant; viens prendre des forces dans ces libations que nous t'offrons.

8. Que Vatsa fasse descendre ton esprit de la région supérieure; Agni je veux chanter tes louanges.

(1) 1re partie, 1re section, ou prapâtaka, 1er ardha, 1re dizaine, 1er hymne, édit. de M. Benfey, p. 1.

9. O Agni, Atharvâ t'a produit par le frottement des deux pièces de l'arâni, au contact de la terre qui nourrit tout.

10. O Agni, daigne nous accorder ta protection puissante; car tu es un dieu que nos regards peuvent contempler.

Si l'on se reporte à la table des concordances données avec tant de labeur et d'exactitude par M. Th. Benfey et reproduite par M. Withney, on verra que le premier vers de cet hymne supposé est pris au *Rig-Véda*, 4e mandala, 5e anouvâka, 22e soûkta, 4e ritch; que le second est pris au même Véda, 4e mandala, 5e anouvâka, 21e soûkta, 1er ritch. Ces deux premiers vers sont du même rishi, Bharadvâdja-Bârhaspatya. Mais le troisième qui est pris au *Rig-Véda*, 1er mandala, 1er anouvâka, 22e soûkta, 1er ritch, est d'un auteur différent, Médhâtithi Kânva. Le quatrième est de l'auteur des deux premiers, auquel le compilateur revient; mais il est tiré d'un hymne différent. Le cinquième et le sixième sont pris à de nouveaux rishis et à des hymnes différents du ritch. Le septième et le neuvième sont encore du premier auteur; le huitième est d'un autre poète; enfin, le dixième n'est pas dans le *Rig-Véda*, ou pour mieux dire n'y a pas encore été retrouvé. Ces dix vers, empruntés à des sources si diverses, n'ont entre eux qu'un seul lien pour former un hymne par leur réunion : c'est qu'ils s'adressent tous au même dieu, Agni, le dieu du feu et du sacrifice, invoqué sous deux noms distincts, Veiçvânara et Agnî. Mais parfois les divinités invoquées dans un même dizain, dans un même hymne, sont multiples comme les poètes eux-mêmes, et il n'est pas rare qu'elles soient au nombre de trois, quatre ou cinq. Dans les dix vers que je viens de traduire, le mètre est identique, c'est la gâyatrî, sauf le second vers; mais il arrive très-souvent que les mètres sont aussi bigarrés que les chantres et les dieux. La confusion est bien plus grande, quand, au lieu de neuf ou dix vers, il y en a quarante, cinquante et même près de cent, qui sont juxtaposés dans un seul fragment (1), comme dans l'Outtarârtchikam. Il y a encore d'autres causes de confusion qu'on peut comprendre aisément. Le *Sâma-Véda*, comme je viens de le dire, ne prend pas toujours un distique entier au *Rig-Véda*; il n'en prend que la moitié, qui se trouve dans le pourvârtchikam; et la seconde moitié, d'abord omise, est reproduite dans l'Outtarârtchikam. D'autres fois, le même vers est répété non-seulement d'un artchikam dans l'autre, mais aussi dans le même artchikam. M. Benfey, par sa table des concordances, a fait ressortir toutes ces anomalies, qui d'ailleurs s'expliquent très-naturellement, si l'on se rappelle l'usage et la destination du *Sâma-Véda* dans les cérémonies du culte. Mais il n'en reste pas moins démontré pour nous que le Sâman, malgré la vénération toute particulière dont il est l'objet, n'est pas un Véda distinct. C'est un simple arrangement tout extérieur donné à certaines parties des autres Védas.

Cependant le *Sâma-Véda*, bien qu'il n'ait rien d'original, qui lui appartienne en propre, n'en a pas moins des Brâhmanas et des Oupanishads. On n'est pas d'accord sur le nombre de Brâhmanas du *Sâma-Véda* : Colebrooke les portait à quatre (2), que M. le docteur Weber veut ré-

(1) Aussi dans l'Outtarârtchikam qui n'est plus partagé en daçatis, a-t-il fallu diviser ces longs fragments en morceaux beaucoup plus courts, et voilà comment les hymnes n'ont plus que deux ou trois vers. Voir le *Sâma-Véda* de M. Benfey, trad. p. 241.

(2) Colebrooke, *Essays*, t. I, p. 82.

duire à deux (1); M. le docteur Max-Muller en compte huit, et il paraît que selon certaines écoles le nombre de ces Brâhmanas se monte à plus de vingt (2). Quant aux Oupanishads, il n'y en a que deux, la Tchhandoguya et la Kéna (3), la première beaucoup plus longue et plus importante que la seconde, et faisant partie toutes les deux, selon toute apparence, de Brâhmanas qui nous sont parvenus incomplets.

Voici un fragment de la Tchhandoguya Oupanishad :

SAMA-VÉDA.

Tchhandoguya Oupanishad, chapitre 5 (4).

Prâtchîna Sâla, fils d'Oupamanyou, Satyayadjnya, enfant de Poulousha, Indra dyoumna rejeton de Bhallavi, Djana descendant de Sarkarâkshya, et Voudila fils d'Açvatarâçva, personnages tous versés profondément dans la connaissance de l'Ecriture sainte et possédant de magnifiques habitations, se réunirent entre eux pour se livrer à l'étude de ces questions : Qu'est-ce que notre âme? Qu'est-ce que Brâhma ?

Ces personnages respectables réfléchirent et se dirent : « Houddâlaca, le fils d'Arouna, connaît profondément l'âme univer-

(1) *Indische Studien*, t. I, p. 31, et *Academische Vorlesungen*, p. 66.

(2) Voir l'édit. du *Sâma-Véda* de M. Benfey, p. XIV.

(3) Elles ont été publiées toutes les deux dans la *Bibliotheca Indica*, t. II, III et VIII. La Tchhandoguya, sous le nom de Tchéhandouk, est la première des Oupanishads dans l'*Oupnékhat* d'Anquetil-Duperron.

(4) Colebrooke, *Essays*, t. I, p. 84; et Anquetil, *Oupnékhat*, t. I, p. 44, où ce morceau est tout défiguré d'après la traduction persane.

selle; allons immédiatement vers lui. » Ils allèrent le trouver; mais Ouddâlaca réfléchit et se dit : « Tous ces personnages aussi instruits qu'illustres m'interrogeront, et je ne suis pas en état de résoudre toute la question qu'ils me posent. Je leur indiquerai donc un autre maître qui puisse les instruire. » Il leur dit en conséquence : « Asvapati, fils de Kékaya, connaît profon-« dément l'âme universelle; allons le trouver sur le champ. »

Ils allèrent donc tous ensemble; et à leur arrivée le roi leur fit rendre les honneurs qui leur étaient dus; et le lendemain matin, il les congédia avec respect. Mais remarquant qu'ils s'étaient arrêtés chez lui sans avoir accepté ses présents, il leur parla ainsi : « Dans mes royaumes il n'y a point de voleur, pas « d'avare, pas d'ivrogne, pas un homme coupable de négliger « le feu consacré, pas un ignorant, pas un adultère, pas de « femme adultère. Qui peut ici vous avoir choqués? » Comme ils n'élevaient aucune plainte, il continua : « Je dois vous de-« mander, ô hommes vénérables, ce que vous désirez. » Comme ils n'exprimaient aucun désir, il ajouta : « Autant je donne à « chaque prêtre officiant, autant je vous donnerai. Restez « donc ici, ô hommes très-vénérables. » Ils répondirent : « Il « est convenable d'informer une personne de la visite que « l'on a l'intention de lui faire. Tu connais profondément « l'âme universelle; communique-nous la science que tu pos-« sèdes. » Le roi leur répliqua : « Demain je vous l'explique-« rai. » Connaissant son dessein, ils vinrent le lendemain matin « auprès de lui, portant comme d'humbles disciples du bois « pour le feu sacré. Le roi, sans les saluer, leur dit :

« Qu'adores-tu comme l'Ame, ô fils d'Oupamanyou? — Le « Ciel, répondit-il, ô roi vénérable. — Cette portion de l'uni-« vers que tu honores comme l'Ame est bien splendide : de là « vient que dans ta famille on voit extraire et préparer le jus de « la plante sacrée qui sert aux sacrifices. Tu manges la nourri-« ture comme un feu brûlant; et tu vois autour de toi des fils ou « d'autres êtres qui te sont chers. Celui qui adore le Ciel pour « l'Ame universelle, jouit comme toi d'une nourriture abondante,

« il contemple un objet qu'il aime, et il voit sa famille occupée « des soins les plus pieux de la religion. Mais ce n'est là que la « tête de l'âme. Tu as perdu la tête, ajouta le roi, de n'être pas « venu à moi. »

Il se tourna ensuite vers Satyayadjnya, fils de Poulousha, et lui dit : « Qu'adores-tu comme l'Ame, ô descendant de « Drakshînyoga ? — Le Soleil, répondit-il, ô roi vénérable. « — Cette portion de l'univers que tu adores comme l'Ame est « bien changeante; aussi voit-on dans ta famille les formes les « plus diverses. Tu as un char attelé de cavales; tu as un tré- « sor; et des femmes esclaves t'entourent. Tu consommes une « nourriture abondante et tu contemples un agréable objet. Ce- « lui qui adore le soleil pour l'Ame universelle a les mêmes « joies, et trouve dans sa famille l'accomplissement de tous les « devoirs religieux. Mais ce n'est là que l'œil de l'Ame. Tu as « été aveugle, dit le roi, de n'être pas venu à moi. »

Puis il s'adressa à Indradyoumna, le fils de Bhallavi, et lui dit : « Qu'adores-tu pour l'Ame, ô fils de Vyaghrapad ? — L'Air, « répondit celui-ci, ô roi vénérable. — Cette portion de l'uni- « vers que tu adores pour l'Ame, dit le roi, est diffuse et ré- « pandue partout ; aussi reçois-tu de nombreux présents. Une « longue file de chars te suivent; tu consommes une abondante « nourriture, et tu vois près de toi un objet qui te plaît. Celui « qui adore l'air pour l'Ame universelle jouit d'une nourriture « abondante et contemple un objet qui le charme ; il accomplit « dans sa famille tous les devoirs religieux. Mais ce n'est là que « le souffle de l'Ame. Tu as perdu le souffle, dit le roi, de « n'être pas venu à moi. »

Il interrogea ensuite Djana, le fils de Sarkarâkshya : « Qu'a- « dores-tu pour l'Ame du monde, ô fils de Sarkarâkshya ? — « L'Ether, répondit celui-ci, ô roi vénérable. — Cet élément « éthéré que tu adores pour l'Ame universelle est abondant ; « et c'est pour cela que tu abondes toi-même en postérité et en « richesse. Tu consommes la nourriture, et tu vois un objet qui « te plaît. Celui qui adore l'éther pour l'Ame du monde con-

« somme la nourriture et voit un objet aimé ; et il a tous ses
« devoirs religieux dans sa famille. Mais ce n'est là que le tronc
« de l'Ame ; et le tronc s'est pourri pour toi, dit le roi, de
« n'être pas venu à moi. »

En quatrième lieu, le roi interrogea Voudila, fils de Açvatarâçva : « Qu'adores-tu pour l'Ame du monde, ô descendant de
« Vyaghrapad ? — L'Eau, répondit celui-ci, ô roi vénérable. —
« Cette portion de l'univers que tu adores comme l'Ame est
« riche, et c'est de là que tu es si opulent et si fortuné. Tu
« consommes de la nourriture, et tu vois un agréable objet. Ce-
« lui qui adore l'eau pour l'Ame du monde jouit des mêmes
« biens, contemple un aussi cher objet, et a toutes ses occu-
« pations religieuses dans sa famille. Mais l'eau n'est que le
« ventre de l'Ame. Ta vessie s'est crevée, ajouta le roi, de
« n'être pas venu à moi. »

Enfin, le roi interrogea Ouddâlaca, le fils d'Arouna : « Qu'a-
« dores-tu, lui dit-il, pour l'Ame du monde, ô descendant de
« Gotama ? — La Terre, répondit celui-ci, ô roi vénérable. —
« Cette portion de l'univers que tu adores est solide ; et voilà
« pourquoi tu es toi-même si solidement heureux, et de la fa-
« mille qui t'entoure, et des troupeaux que tu possèdes. Tu
« consommes de la nourriture, et tu vois le plus aimable objet.
« Celui qui adore la terre pour l'Ame du monde partage des
« joies pareilles : il voit un objet aimé, et il a ses occupations
« religieuses dans sa famille. Mais ce n'est là que le pied de
« l'Ame ; et ton pied a été boiteux, ajouta le roi, de n'être pas
« venu à moi. »

Puis s'adressant à tous les cinq ensemble :

« Vous regardez, leur dit-il, l'Ame de l'univers comme un
« être particulier et individuel ; et vous avez des plaisirs dis-
« tincts et différents. Mais celui qui adore comme l'Ame de
« l'univers l'Être qui se manifeste par ses parties diverses et
« qu'infère la conscience, celui-là jouit de la nourriture et dans
« tous les mondes, et dans tous les êtres, et dans toutes les
« âmes. Sa tête est splendide comme celle de cette Ame uni-

« verselle; son œil est également changeant; son souffle est « également répandu; son tronc n'est pas moins abondant; son « ventre est également rempli. Ses pieds sont la terre; son sein « est l'autel; sa chevelure est le gazon sacré; son cœur est le « feu domestique; son esprit est la flamme sainte; et sa bouche « est l'offrande.

« La nourriture qui le rassasie doit être solennellement of« ferte; et la première oblation qu'il fait, il doit la présenter en « disant ces mots: « Que cette oblation au souffle soit efficace! » « Son souffle est ainsi satisfait; et dans son souffle l'œil est ras« sasié; et dans son œil le soleil est content; et dans le soleil « l'air se réjouit; et dans l'air, le ciel et le soleil, et tout ce « qui en dépend, sont satisfaits complètement; et par suite, « l'homme lui-même est heureux, et par une nombreuse pos« térité, et par de nombreux troupeaux, grâce à la force qui « vient de la nourriture, et à la splendeur qui vient des céré« monies pieuses.

« Mais celui qui fait un sacrifice au feu sans connaître ce « ce qu'est l'Ame universelle, agit comme un homme qui ré« duit en cendres des charbons ardents; tandis que celui qui « offre un sacrifice en possédant cette science, fait son oblation « dans tous les mondes, dans tous les êtres, dans toutes les « âmes. Comme le brin de gazon sec qu'on jette dans le feu y « est sur le champ consumé, de même sont consumés tous les « péchés de cet homme. Celui qui connaît cela n'a présenté son « offrande qu'à l'Ame universelle, quand bien même il aurait « sciemment donné le reste du sacrifice à un Tchandala; car « sur ce point le texte saint est formel: « Comme, dans ce « monde, des enfants qui ont faim se pressent autour de leur « mère, de même tous les êtres recherchent l'oblation sainte; « ils recherchent tous l'oblation sainte. »

Je m'arrête ici en ce qui touche le *Sâma-Véda*, et j'arrive au dernier des quatre védas, l'Atharvana.

IV.

DE L'ATHARVA-VÉDA OU ATHARVANA.

C'est un fait généralement admis que l'*Atharva-Véda* est le plus récent des quatre Védas. Wilkins, William Jones, Colebrooke, M. Roth, M. Albrecht Weber, s'accordent à le reconnaître; et l'examen de l'ouvrage lui-même confirme cette opinion et la rend incontestable. Colebrooke, en particulier, a remarqué que Manou et les autres législateurs ne parlent jamais que de trois Védas, le Ritch, le Sâman, et le Yadjoush (1). Il aurait pu ajouter que la *Bhagavad-Guttâ* n'en nomme pas davantage (2), non plus que les livres bouddhiques en général. Bien plus, dans un hymne du *Rig-Véda*, le fameux hymne de Pourousha, qui se trouve répété dans le *Yadjour-Véda-Blanc* et même dans l'*Atharvana*, il n'est pas fait mention de l'*Atharva-Véda*, tandis que les trois autres Védas y sont cités (3). C'est donc dans des temps postérieurs que l'Atharvana est devenu un Véda, et qu'il a été divinisé comme les autres. Les Brâhmanas le mentionnent assez souvent, mais seulement dans leurs parties les plus nouvelles; les

(1) Colebrooke, *Essays*, t. I, p. 10. Peut-être Manou a-t-il voulu faire allusion à l'Atharvana, liv. XI, vers 33; mais il ne l'appelle pas un Véda.

(2) La *Bhâgavad-Guitâ*, qui ne nomme aussi que trois Védas, a une vénération spéciale pour le Sâman.

(3) Voir l'*Hymne de Pourousha*, sloka 9, sur lequel j'aurai l'occasion de revenir, dans Colebrooke, *Essays*, t. I, p. 167; dans Burnouf, préface du *Bhâgavata-Pourâna*, t. I, p. cxxx; et dans la traduction de M. Langlois, t. IV, p. 341.

Oupanishads s'y appuient comme sur une autorité sainte; les Pourânas, qui ont la prétention de passer pour le cinquième Véda, ne manquent pas de l'admettre pour le quatrième; mais il n'en reste pas moins certain que l'*Atharva-Véda* est fort loin d'être aussi ancien que les trois premiers; il est, du reste, cité dans *Pânini.*

Une étude attentive du style dans lequel il est écrit donne le même résultat. Par ses formes grammaticales, par ses procédés, par sa couleur et sa marche habituelle, ce style est évidemment d'une date assez récente, si on le compare à celui du Rig-Véda par exemple. M. Albrecht Weber, si bon juge en ces matières, croit même y avoir découvert des locutions pracrites et populaires, ce qui lui donnerait une physionomie totalement distincte et très-frappante. Ceci n'empêche pas d'ailleurs que l'*Atharvana* ne renferme, à côté de morceaux qui sont en général peu anciens, d'autres morceaux non moins vieux que ceux du Rig-Véda lui-même (1), et qui méritent tout autant d'intérêt, sous le rapport de la langue et des idées; mais ces fragments, conservés des temps védiques les plus reculés, sont très-rares.

D'autre part, l'*Atharvana*, par le but même qu'il poursuit, a été composé pour répondre à des besoins qui n'ont dû venir qu'assez tard chez le peuple indien. Il n'est jamais employé, ainsi que je l'ai déjà dit, dans le sacrifice; il n'a pas sa place dans le rituel, ni dans les cérémonies canoniques; on ne le récite pas au moment des prières, comme le Ritch; on ne le chante pas comme le Sâman; on ne le lit point comme le Yadjoush, en célébrant les rites officiels. Presque uniquement rempli d'incantations, d'exorcismes, d'imprécations homicides, c'est en quelque

(1) M. Alb. Weber, *Academische Vorlesungen*, p. 143.

sorte un Véda domestique, dont l'usage, tout personnel, peut éviter des maux ou assurer des biens à ceux qui admettent son efficacité. Mais tout utiles que peuvent être ses formules, selon les croyances vulgaires, elles sont assez peu dignes de respect et de vénération. Si dans le Rig-Véda, comme l'a très-bien montré M. Albrecht Weber, les rishis s'inspirent de la nature et de ses grands spectacles, dans l'*Atharva-Véda* il n'y a pas d'autre inspiration que celle de la peur et de la crainte la plus superstitieuse (1). Evidemment, l'esprit humain ne débute pas par ces faiblesses et ces lâchetés; il n'en est capable qu'après une longue et profonde corruption. De là vient qu'une bonne partie des hymnes qui forment le dixième et dernier mandala du *Rig-Véda* se trouvent reproduits dans l'*Atharva-Véda*. Dans le Ritch, ces hymnes, dont j'ai cité plus haut (2) des passages suffisants pour les faire apprécier, semblent n'être point à leur place, après tout ce qui les précède. Au contraire, dans l'*Atharvana* ils paraissent être tout à fait en leur lieu; et l'on pourrait presque croire que le *Rig-Véda* les a empruntés au lieu de les fournir.

Quoi qu'il en puisse être de la date de l'*Atharva-Véda*, il est en général moins vénéré dans l'Inde, bien qu'il soit peut-être plus employé que les trois autres. La superstition s'en est fait un instrument pour satisfaire les passions mauvaises de l'homme. Les autres Védas ne peuvent guère servir qu'à une foi sincère, et ils supposent même une piété assez éclairée.

(1) M. Alb. Weber, *Academische Vorlesungen*, p. 10.

(2) Voir plus haut, page 36. Il faut consulter les concordances de M. Whitney, *Indische Studien*, t. II, p. 321 et suiv., pour savoir exactement jusqu'où vont ces emprunts ou ces répétitions

Il faut ajouter que l'*Atharva-Véda* porte un nom individuel, puisque Atharvan qui le lui donne, en est supposé l'un des auteurs, tandis que les autres Védas ne tirent le leur que de l'usage sacré auquel on les applique. Les ritchas sont les prières en vers, les invocations rhythmiques, soit en stances détachées, soit en hymnes complets, qu'on récite à voix basse; les sâmâni sont les ritchas que l'on chante avec des modulations musicales dès longtemps prescrites; enfin, les yadjounshi sont les prières en prose qu'on lit en les murmurant. L'*Atharva-Véda* n'a rien de pareil à offrir à la ferveur des fidèles, et le nom même qu'il conserve trahit l'origine tout humaine d'où il est sorti. Selon toute apparence d'ailleurs, ce nom est antérieur au temps que la tradition assigne à l'arrangement de Vyâsa; et il est aussi, par conséquent, antérieur au bouddhisme.

L'*Atharva-Véda* est divisé en vingt livres ou kândas et en trente-huit prapâthakas ou chapitres, entre lesquels se répartissent 760 hymnes ou soûktas, et le nombre des ritchas est de 6,015 (1). Ces ritchas sont, en général, des distiques; ou plutôt ces vers sont tellement longs, qu'ils peuvent représenter deux ou trois des nôtres. Une autre division partage l'*Atharva-Véda* en anouvâkas ou chapitres, au nombre de 90. M. Albrecht Weber atteste que le Çatapatha-Brâhmana, du *Yadjour-Véda-Blanc*, parle dans son livre XIII d'une autre division, plus ancienne que ces deux-là, en parvan ou livres; elle ne se retrouve plus dans les manuscrits, si elle y a jamais existé (2). La

(1) M. Albrecht Weber cite un catalogue qui porte le nombre des ritchas dans l'*Atharva-Samhitâ* à 12,380 et celui des hymnes à 2,000, *Academische Vorlesungen*, p. 147. Quelle est l'autorité de ce catalogue?

(2) M. Albrecht Weber, *Academische Vorlesungen*, p. 141. Le mot *parvan* ne signifie que chapitre ou livre d'un ouvrage

récension que nous possédons actuellement est probablement celle de l'école Paippalâdâ. Mais l'*Atharva-Véda* n'a pas en général fourni matière à autant de travaux que les trois autres : on ne cite guère que le commentaire de Sâyana, qui, comme on sait, est du XIVe siècle de notre ère.

La Samhitâ de l'*Atharvana*, après celle du Sâman, après celle du *Yadjour*, a emprunté beaucoup au *Rig-Véda*, c'est-à-dire le tiers à peu près de tout ce qu'elle contient. Ses hymnes sont complets, comme ceux du Ritch, et le plagiat y est par suite plus évident encore que dans les vers détachés du Sâman et de la Vâdjasaneyi. Elle renferme, du reste, plus de morceaux originaux que cette dernière, bien qu'elle lui fasse aussi des emprunts ; et M. Rudolph Roth a dit avec raison que l'Atharvana était avec le Ritch celui des Védas qui nous fournirait le plus de documents sur la religion de ces temps primitifs (1). A côté des vers, on trouve aussi dans l'Atharvana quelques morceaux en prose, comme dans la Samhitâ du *Yadjour-Véda-Blanc* (2).

Voici quelques citations qui nous montreront le vrai caractère de l'Atharva-Véda, du moins dans la Samhitâ. Nous parlerons plus tard de ses nombreuses Oupanishads, qui forment à elles seules toute une littérature. Le premier morceau est une incantation pour guérir un malade ; c'est le prêtre ou le sorcier qui parle.

quelconque : ainsi le Mahâbhârata est divisé en *parvan*. Il est dès-lors possible que le Çatapatha-Brâhmana emploie ce mot dans son sens général, et que ce terme ne désigne pas une division spéciale et différente de celle qui est en Kândas.

(1) M. R. Roth, *Zur Litteratur*, p. 14.

(2) Voir les tables de concordance de M. Whitney, *Indische Studien*, t. II, p. 321.

ATHARVA-VÉDA.

Kânda ou Khanda III, hymne 2 (1).

Je te sauve et te fais vivre par ce breuvage; je te délivre de la maladie inconnue qui te dévore, de la phthisie qui te consume. Quand l'accès de la fièvre viendra le saisir, qu'Indra et Agni l'en préservent et l'en défendent.

Si la vie du malade a disparu, si elle est anéantie, ou bien si le malade n'est que dans le voisinage de la mort, je le retire du sein même du néant, sans la moindre atteinte; et je lui assure encore cent automnes.

C'est le ton d'un charlatan; et l'*Atharva-Véda* peut être regardé, dans les morceaux de ce genre, comme la transition entre le vrai sentiment religieux qui éclate dans le Ritch, le Sâman, le Yadjoush, et le trafic honteux que plus tard en ont fait les Brahmanes. On peut bien croire que ce n'est pas gratuitement qu'on récite ces formules toutes-puissantes, et que l'homme qui peut sauver un malade, ou même rappeler un mort à la vie, fait payer chèrement ses services.

Colebrooke cite les vers suivants d'une imprécation, sans parler de quelques autres, qu'il qualifie d'effrayantes (*tremendous*) :

Gazon sacré, détruis mes adversaires; extermine mes ennemis; ô précieux trésor, anéantis tous ceux qui me haïssent (2).

Dans un autre hymne, ce n'est plus un mal individuel

(1) M. R. Roth, *Zur Litteratur*, etc., p. 42.

(2) Colebrooke, *Essays*, t. I, p. 90, donne ce fragment comme un spécimen, et il ajoute que toutes ces formules d'imprécations se ressemblent.

qu'il s'agit de guérir; c'est une maladie épidémique, à ce qu'il semble. L'exorcisme du Brahmane peut en délivrer les peuples qu'elle décime, et l'envoyer ravager les peuples ennemis. Takman est le nom d'une maladie qu'on ne connaît pas; mais ce détail n'a ici aucune importance : ce sera, si l'on veut, une sorte de choléra. Il y a, d'ailleurs, dans cet hymne des renseignements géographiques très-précieux.

ATHARVA-VÉDA.

Kânda V, hymne 22 (1).

Que le bienfaisant Agni chasse loin d'ici Takman; que Soma, la pierre du sacrifice; que Varouna, dont la puissance nous purifie, le chassent loin de nous. Que cette enceinte consacrée, que ce gazon, que ces bois qui se consument, le chassent loin d'ici. Puissent aussi nos ennemis s'éloigner comme lui!

O Takman, toi qui peux faire en un instant jaunir tous les humains, comme les traits du feu qui flamboie, tu peux aussi perdre ta force fatale en t'abaissant, en te détournant comme lui.

Le séjour de Takman, ce sont les Moûdjavats; son séjour, ce sont les Mahâvrishas; dès que tu nais, ô Takman, tu vas aussitôt trouver les Vahlikas.

O Takman, va visiter les Moûdjavats; va visiter les lointains Vahlikas; fais ta proie, si tu le veux, du Soudra; tu peux tous les torturer et les anéantir.

Epargne notre peuple; va fondre sur les Mahâvrishas et les Moûdjavats. Nous abandonnons ces régions au Takman et toutes les autres régions qu'il voudra choisir.

O Takman, avec ton frère Balâsa (la colique), avec ta sœur Kâsikâ (la toux), avec ton neveu Pâman (la gale), va visiter ce peuple ennemi.

Nous envoyons le Takman aux Gandhâris, aux Moûdjavats,

(1) M. R. Roth, *Zur Litteratur*, etc., p. 12 et 37.

aux Angas, aux Magadhas, comme un compagnon, comme un trésor digne d'eux.

Je trouve dans un autre hymne des détails d'un genre différent, qui n'ont pas moins d'intérêt. Ce ne sont plus des noms de peuplades plus ou moins ignorées. Ce sont des noms de poètes, la plupart connus par les hymnes qu'ils ont fournis à la Samhitâ du *Rig-Véda*. Nous en connaissons même quelques-uns par les citations qui ont été faites plus haut. Koutsa est l'auteur de l'hymne au soleil et à l'aurore (1); Vasishtha est l'auteur de l'hymne à Agni (2). Vasishtha, Viçvâmitra, Bharadvâdja, Atri, ont donné leur nom à des mandalas entiers du *Rig-Véda*, dont ils ont composé presque tous les chants. Anguirasa, Djamadagni, Kaçyapa, Vadhryaçva, Pouroumilha, Vimada, Saptavadhri, Gavishthira, Médhâtithi, Triçoka, Ouçana, Kakshîvân, Gotama, Moudgala, figurent tous dans la Samhitâ du Ritch. Puisque le poète de l'*Atharvana* les cite, c'est qu'il est venu après eux; et ce seul hymne suffirait pour démontrer la postériorité de l'Atharva-Véda, si, d'ailleurs, tant d'autres preuves non moins décisives ne venaient l'attester.

ATHARVA-VÉDA.

Kânda IV, hymne 29 (3).

Ma pensée vous adore, Mitra et Varouna, vous les guides des cérémonies saintes; vous les dieux intelligents, qui repoussez au loin les profanes; vous qui jadis avez protégé Satyâvâna dans les batailles, délivrez-nous de tout mal!

(1) Voir plus haut, pages 50 et 53.

(2) *Ibid.* p. 38.

(3) M. R. Roth, *Zur Litteratur*, etc., p. 43.

O dieux intelligents qui repoussez au loin les profanes, vous qui jadis avez protégé Satyâvâna dans les batailles; vous qui conduisez les humains comme Indra conduit ses coursiers fauves au sacrifice préparé pour lui, délivrez-nous de tout mal!

Vous qui avez protégé Anguirasa, vous qui avez protégé Agasti, ô Mitra et Varouna; vous qui avez protégé Djamadagni, Atri, Kaçyapa et Vasishtha, délivrez-nous de tout mal!

Vous qui avez protégé Çyâvâsva et Vadhryaçva, ô Mitra et Varouna; vous qui avez protégé Pouroumilha, Atri; vous qui avez protégé Vimada et Saptavadhri, délivrez-nous de tout mal!

Vous qui avez protégé Bharadvâdja, Gavishthira et Viçvâmitra, ô Mitra et Varouna; vous qui avez protégé Koutsa, Kakshîvân, qui avez défendu Kanva, délivrez-nous de tout mal!

Vous qui avez protégé Médhâtithi et Triçoka, ô Mitra et Varouna; vous qui avez protégé Ouçana, le fils de Kâvi; vous qui avez protégé Gotama, qui avez défendu Moudgala, délivrez-nous de tout mal!

O dieux dont le char, volant dans une voie sûre, les rênes toujours tendues, conduit au but le lutteur triomphant, je vous invoque, ô Mitra et Varouna, je me prosterne à vos pieds; délivrez-nous de tout mal!

Cette prière n'est sans doute qu'à l'usage des poètes demandant aux dieux qu'ils invoquent, de les protéger, et de leur donner les saintes inspirations qu'ont ressenties leurs plus illustres devanciers. En voici une autre dont la portée est un peu plus étendue, et qui a une couleur d'onction pieuse, pareille à celle du Rig-Véda.

ATHARVA-VÉDA.

Kânda XIX, hymne 43 (1).

Que dans les lieux où vont ceux qui connaissent et comprennent Brahma par la piété et la méditation, Agni veuille bien me conduire. Qu'Agni m'accorde les sacrifices; adoration à Agni! Que l'air veuille bien m'y conduire; que l'air m'accorde le souffle de vie; adoration à l'air, à Vayou! Que le soleil veuille bien m'y conduire, que le soleil donne la lumière à mes yeux; adoration au soleil! Que la lune veuille bien m'y conduire; que la lune m'accorde l'intelligence; adoration à la lune! Que le Soma veuille bien m'y conduire, que le Soma m'accorde le lait qu'il produit; adoration au Soma! Qu'Indra veuille bien m'y conduire, qu'Indra m'accorde la force; adoration à Indra! Que l'eau veuille bien m'y conduire, qu'elle m'assure l'immortalité; adoration aux eaux fécondes! Que dans les lieux où vont ceux qui connaissent et comprennent Brahma par la piété et la méditation, Brahma veuille bien me conduire; que Brahma m'accorde cette grâce et me conduise à Brahma; adoration à Brahma (2)!

Il y a dans l'*Atharvana* des morceaux d'un tout autre genre, et la Samhitâ elle-même contient des légendes que nous n'avons trouvées jusqu'ici que dans les Brâhmanas et les Oupanishads des autres Védas. Le quinzième livre, qui a été publié tout entier par M. Th. Aufrecht (3), peut

(1) *Mémoire de Goverdhan Kaul et son commentaire; Recherches Asiatiques*, t. I, p. 348. Voir aussi Colebrooke, *Essays*, t. I, p. 89.

(2) A l'époque où cet hymne a été publié pour la première fois dans les *Recherches Asiatiques*, il passait pour le seul morceau des Védas qui fût alors bien authentiquement connu : c'était vers 1787.

(3) Voir *Indische Studien*, t. I, p. 121, et les notes trop peu développées dont M. Th. Aufrecht a fait suivre ce morceau, qui aurait tant besoin d'éclaircissements.

servir de preuve et démontrer que l'Atharva-Véda descend aux formes et aux idées les plus vulgaires et les moins relevées. L'histoire du Vrâtya, telle qu'elle se trouve dans ce quinzième livre, est à peu près inintelligible. Qu'est-ce que le Vrâtya, cet être mystérieux qui semble se créer lui-même, qui devient en un instant l'égal et même le maître des dieux, qui traverse les espaces avec une rapidité infinie, qui voit les divinités les plus puissantes obéir à ses ordres et même à ses caprices les plus extravagants? Il serait bien difficile de le dire; et je ne crois pas qu'une étude plus étendue et plus exacte des superstitions indiennes puisse un jour éclaircir ces questions, qui peut-être ne valent même pas la peine d'être posées. Je ne vois dans cette absurde legende, réputée divine, qu'une rêverie comme tant d'autres que nous a transmises le monde brahmanique, et qui n'ont pas plus de sens. Si je la cite, c'est qu'elle fait partie intégrante du texte sacré au même titre que les hymnes les plus religieux et les plus beaux, et que ce contraste, tout choquant qu'il est, mérite d'être signalé. Le bouddhisme a été plus fécond encore que le brahmanisme en extravagances de cette espèce, imposées au respect crédule des peuples. Je ne veux pas dire cependant que ce morceau de l'*Atharva-Véda* et ceux qui lui ressemblent soient postérieurs à l'apparition de Bouddha; mais je serais disposé à croire qu'ils sont le produit de cette époque intermédiaire où le brahmanisme corrompu par une longue jouissance du pouvoir, s'écartait de plus en plus des traditions primitives et préparait à son insu, et par ses désordres mêmes, la grande réforme qui ne put le vaincre, mais qui lui enleva du moins, au nord et au sud de l'Inde, des populations immenses.

ATHARVA-VÉDA.

Kânda XV (1).

Le Vrâtya priait et il invoquait Pradjâpati, qu'il excitait à l'activité. Pradjâpati regardait en lui-même le Souvarna qu'il produisait. C'était l'être unique, c'était l'être brillant, c'était l'être grand, c'était l'être supérieur, c'était Brahma, c'était la piété, c'était la vérité qui lui donnait naissance. Le Vrâtya grandissait, il devenait immense; il était Mahadéva, le grand dieu; il s'efforçait de dominer les dieux; il devenait le maître; il était le seul Vrâtya; il saisissait l'arc, il saisissait l'arc d'Indra. Son corps était bleu et son dos était rouge : avec le bleu il terrasse l'ennemi qu'il hait; avec le rouge, il détruit celui qu'il déteste. Voilà ce que disent ceux qui connaissent Brahma.

Le Vrâtya s'éleva et se dirigea à l'Est; Brihat, Rathantara, les Adityas et tous les dieux le suivirent. Celui-là offense Brihat, celui-là offense Rathantara, celui-là offense les Adityas, celui-là offense tous les dieux sans exception, qui insulte le Vrâtya doué d'une telle science. Brihat, Rathantara, les Adityas et tous les dieux sans exception se plaisent à le servir dans l'Est, où il va. La piété est son amante, le Magadha est son ami, la science est son vêtement, le jour sa coiffure, la nuit sa chevelure, le vert est sa couleur. Kalmalir est son diamant. Le passé et l'avenir sont ses serviteurs, l'esprit est son char, Matarisvân et Pavamânas sont ses chevaux; Vâta est son écuyer; Reshma est son aiguillon; la renommée, la gloire, sont ses courriers. La gloire est le partage, la renommée est le partage de celui qui sait cela.

Le Vrâtya s'éleva et se dirigea vers le Sud. Yadjnâyadjniya et Vâmadévya, et le sacrifice et le sacrificateur, et les troupeaux

(1) *Indische Studien*, de M. Weber, t. I, p. 121 et suiv. Le quinzième livre de l'*Atharvéda*, texte et traduction avec quelques notes, y est donné par M. Th. Aufrecht.

le suivirent. Celui-là offense Yadjnâyadjniya, celui-là offense Vâmadévya, celui-là offense et le sacrifice et le sacrificateur et les troupeaux, qui insulte le Vrâtya doué d'une telle science. Yadjnâyadjniya, Vâmadévya, et le sacrifice et le sacrificateur, et les troupeaux se plaisent à le servir dans le Sud, où il va. L'aurore est son amante, sa prière est Magadha; le jour de la nouvelle lune, le jour de la pleine lune, sont ses serviteurs.

Le Vrâtya s'éleva et se dirigea à l'Ouest, etc.

Le Vrâtya s'éleva et se dirigea au Nord, etc.

Le Vrâtya se tint debout toute une année, et les dieux lui dirent : Vrâtya, pourquoi te tenir ainsi? et le Vrâtya répondit : Que l'on m'apporte un lit. On apporta sur le champ un lit au Vrâtya. Deux des pieds du lit étaient l'été et le printemps; les deux autres étaient l'automne et l'hiver. Brihat et Rathantara en étaient les planches en long; Yadjnâyadjniya et Vâmadévya en étaient les planches en large. Les Ritchas en étaient la chaîne, les Yadjous en étaient l'enveloppe; le Véda en était la couverture, et la Théologie le coussin; le Sâma-Véda en était le matelas, et l'Oudguîtha l'oreiller. Le Vrâtya monta sur ce lit. Les dieux étaient ses serviteurs, les désirs étaient ses messagers, et tous les êtres s'empressaient de l'honorer.

Tous les êtres s'empressent aussi d'honorer celui qui sait tout cela.

Les dieux donnèrent au Vrâtya deux mois de printemps pour le défendre contre l'Est, et Brihat et Rathantara furent ses appuis; les deux mois de printemps le défendirent contre l'Est; et Brihat et Rathantara protègent celui qui sait tout cela. Les dieux lui donnèrent deux mois de douce chaleur pour le défendre contre le Sud; Yadjnâyadjniya et Vâmadévya furent ses appuis, etc. Les dieux lui donnèrent deux mois de pluie, etc. Les dieux lui donnèrent deux mois d'automne, etc. Les dieux lui donnèrent deux mois de froid, etc.

Le reste du livre est consacré aux pérégrinations du Vrâtya, qui, après avoir parcouru les espaces, descend sur la terre. Il se fait l'hôte d'un roi, et ce roi est comblé de bénédictions pour l'avoir bien reçu :

Si le Vrâtya entre dans une maison quand les feux sont consacrés et que le sacrifice est commencé, le maître de la maison doit aller à lui en propre personne et lui dire : Vrâtya, me permets-tu de sacrifier ? Si le Vrâtya le permet, on peut sacrifier ; s'il ne le permet pas, il faut s'en abstenir. Celui qui sacrifie ainsi avec la permission du Vrâtya qui sait tout, connaît les chemins qui mènent aux pitris et aux dieux ; il ne pèche pas contre les dieux, et son offrande leur est agréable. Le tombeau de celui qui sacrifie ainsi avec la permission du Vrâtya demeure toujours sur cette terre. Celui qui sacrifie sans la permission du Vrâtya qui sait tout, ne connaît point les chemins qui mènent aux pitris et aux dieux ; il offense les dieux et son offrande reste sans valeur. Le tombeau de celui qui sacrifie sans la permission du Vrâtya qui sait tout, ne reste pas longtemps sur cette terre.

Le livre se termine ainsi :

L'œil droit du Vrâtya est le soleil ; son œil gauche, c'est la lune. Son œil droit, c'est Agni ; son œil gauche, c'est le sacrifice expiatoire. Le jour et la nuit forment son nez ; Diti et Aditi forment sa tête et son cou ; l'année forme sa tête. Avec le jour, le Vrâtya se tourne à l'ouest ; avec la nuit, il se tourne à l'est ! Honneur au Vrâtya.

J'ai dit l'importance qui s'attache à ce bizarre morceau, qui forme un des livres de la Samhitâ elle-même ; on me pardonnera de m'y arrêter encore un instant. Si le Vrâtya est quelque chose, il semblerait que c'est une personnification de la science, et comme une allégorie des avantages qu'elle peut procurer. Une des croyances les plus chères et les plus ordinaires à l'esprit indien, c'est que la science est à peu près seule capable de sauver l'homme et de lui assurer la béatitude éternelle. C'est là le principe sur lequel s'est fondé le système du Sânkhya, et que le bouddhisme, si ce n'est Bouddha lui-même, a élevé à la hauteur d'une religion. Mais la science peut davantage encore ; non-seulement elle délivre celui qu'elle éclaire, non-seulement elle lui donne la vraie lumière et fait éternellement son salut ; mais elle lui confère, en outre, dès cette vie des pouvoirs prodigieux qui le mettent en dehors et au-dessus de la nature entière. On peut voir dans le *Sânkhya*, tout sage qu'il est, l'énumération régulière de ces pouvoirs qui surpassent de beaucoup ceux que pouvait donner l'anneau de Gygès ou que possèdent les personnages des *Mille et une Nuits* (1). L'*Yoguisme* de Patandjali a poussé les choses plus loin encore que le *Sânkhya* de Kapila, et il roule presque tout entier sur les moyens infaillibles à l'aide desquels on peut acquérir cette puissance magique. C'est le germe de ces déplorables folies que je trouve dans la légende du Vrâtya, ou peut-être en est-elle simplement une copie. Mais dans l'*Atharvana* ces idées insensées semblent plus étranges que partout ailleurs ; elles sont faites pour surprendre la raison dans un système de philosophie ; mais qu'en dire quand on les rencontre dans un livre qui passe pour révélé !

Si l'on a recours à l'étymologie, elle nous fournit tout aussi peu de lumière. Vrâtya, en sanscrit, est un mot qui désigne très-spécialement le brahmane déchu de sa caste, parce qu'on ne l'a point, à sa naissance, ordonné conformément aux cérémonies prescrites. Il s'applique également

(1) Voir le premier mémoire sur le *Sânkhya* dans les *Mémoires de l'Académie des sciences morales et politiques*, t. VIII, p. 198 et 389, 26e sloka de la Kârikâ.

et sans différence d'acception à un homme des trois premières castes qui a été la victime d'une pareille négligence. Vrâtyatâ signifie la position de cet homme privé de ses droits légitimes par une faute qui n'est pas la sienne; et vrâtyastoma signifie le sacrifice particulier qu'à un certain âge on doit offrir pour recouvrer des droits ainsi perdus. Il n'y a donc rien dans la langue, comme on le voit, qui puisse nous faire pénétrer un peu plus avant dans le sens de cette légende; et le mieux, à mon avis, est de la prendre pour ce qu'elle est, c'est-à-dire pour un jeu d'imagination, sans aucune réalité, comme il est sans aucun charme (1).

J'ai déjà dit plus haut, d'après Colebrooke, que le Brâhmana de l'*Atharva-Véda* se nomme le Gopatha, c'est-à-dire le Chemin-des-Vaches (2). Il est très-peu connu; et je ne sais s'il entre dans les intentions de MM. Roth et Whitney de le donner à la suite de la *Samhitâ*, comme M. Weber donne le *Çatapatha-Brâhmana* pour compléter la *Vâdjasaneyi*. Dans la copie qu'en avait Colebrooke, il était divisé en cinq chapitres ou prapâthakas. Dans un autre manuscrit qu'a vu M. Weber, à la Compagnie des Indes orientales, il était divisé en deux parties, pourva et outtara, renfermant chacune cinq prapâthakas; et la copie ajoutait à ces dix chapitres le commencement d'un onzième, qui n'était point achevé. Il paraît en outre, d'après un document cité par M. Weber, que le nombre des prapâthakas était originairement de cent. Ce sont là des questions que les futurs éditeurs de l'*Atharvana* tiendront

(1) Il faut ajouter que le style de cette légende est remarquable en ce que la langue dans laquelle elle est écrite est presque du sanscrit classique. Voir plus haut, page 27.

(2) M. A. Weber, *Academische Vorlesungen*, p. 145.

sans doute à éclaircir et qu'ils pourront peut-être résoudre avec des recherches nouvelles.

Les Oupanishads de l'*Atharva-Véda* sont au nombre de 52, d'après le témoignage de Colebrooke; mais M. Albrecht Weber (1) en reconnaît davantage. D'un côté, il paraît que l'on compte parfois pour des Oupanishads entières des parties séparées d'une même Oupanishad, et ainsi le nombre total devrait être d'autant réduit; mais, d'autre part, les recueils sont plus ou moins complets, et, d'après les citations notées dans les auteurs, M. Weber porterait peut-être jusqu'à 70 ou 72 le nombre des Oupanishads de l'*Atharva-Véda*. Pour la plupart elles sont en vers, et leur étendue varie beaucoup (2); en général, elles ne sont pas aussi développées que celles des autres Védas. Ce qui donne à quelques-unes une très-grande importance, c'est qu'elles ont été particulièrement adoptées par l'école Védantâ, et qu'elles sont le fondement de toute sa théologie. Or c'est la seule théologie orthodoxe, dans le monde brahmanique, où elle jouit d'une autorité souveraine. Les Oupanishads de l'*Atharvana*, soit à ce titre, soit à d'autres encore, ont été recueillies, et classées dans un ordre qu'on peut appeler canonique. Les 15 premières, d'après Colebrooke, sont celles que reconnaissent et qu'ont admises les Saounakîyas, c'est-à-dire l'une des écoles principales qui se sont occupées de la récension de l'*Atharvana*. Les 37 autres ont été consacrées par plusieurs écoles moins célèbres, et elles ont été adoptées par l'école des paippalâdis ou disciples de Pip-

(1) Colebrooke, *Essays*, t. Ier, p. 91; M. Al. Weber, *Academische Vorlesungen*, p. 141.

(2) Il y a des Oupanishads qui n'ont que douze slokas ou distiques.

palâda. Il y a des Oupanishads qu'on rattache à l'*Atharvana*, mais qui appartiennent en même temps aux autres Védas. Ainsi la Kâthaka fait à la fois partie du Yadjour-Véda-Blanc et de l'*Atharvana;* il en est de même de la Çvétâçvatara. La Nârâyana se retrouve à la fois dans l'Atharva-Véda et dans le Yadjour-Véda-Noir. La Kéna appartient tout ensemble à l'*Atharvana* et au *Sâma-Véda.* L'Anandavallî et la Bhrigouvallî, qui portent le nom de Taittiriya et de Vârouni dans l'*Atharva-Véda*, ne sont que des extraits de l'Aranya du Yadjoush-Noir. Les Oupanishads qui se retrouvent dans l'*Atharvana* en même temps qu'elles sont ailleurs aussi, paraissent à M. Albrecht Weber (1) les plus anciennes du recueil.

Des 52 ou 72 Oupanishads qui sont rattachées avec plus ou moins de raison à l'*Atharvana*, il n'en est qu'un assez petit nombre que l'école Védântâ se soit donné la peine de commenter. Ce sont d'abord les deux premières, la Moundaka et la Praçna ; la douzième, la Mândoûkya, qui se divise en quatre sections dont chacune forme une Oupanishad distincte ; la vingt-neuvième, la Nrisinhatâpanîya, qui, dans ses deux divisions de Pourvatâpanîya et d'Outtaratâpanîya, forme six Oupanishads séparées ; la Kâthaka, ou trente-cinquième Oupanishad ; la Kéna, qui est la trente-septième, et peut-être quelques autres encore. Ces Oupanishads sont par cela seul désignées à notre attention plus spécialement que le reste : ce sont celles-là évidemment qu'il faut étudier les premières et le plus profondément, à cause du rôle qu'on leur a fait jouer dans l'orthodoxie.

Colebrooke a pris soin de nommer une à une les 52 Oupanishads de l'*Atharvana*. Il serait assez inutile de repro-

(1) *Academische Vorlesungen*, p. 150.

duire cette nomenclature, qui n'acquerra un réel intérêt que quand on connaîtra les ouvrages auxquels elle s'applique. M. Albrecht Weber a essayé d'aller à cet égard plus loin que Colebrooke, et il a proposé de ranger en trois classes ces traités théologiques, qui ne sont pas tous évidemment de la même date, et qui n'ont pas davantage le même but. Dans la première classe, on réunirait les Oupanishads qui sans aucune préoccupation de secte ne dissertent que sur l'esprit universel, sur l'âme du monde, sur Dieu; ces Oupanishads ne différeraient en rien, si ce n'est peut-être par la date des Oupanishads des autres Védas. La seconde classe comprendrait les Oupanishads qui ont pour objet la doctrine du Yoga, ou de l'union avec Dieu, soit d'après les principes de Patandjali, soit d'après tout autre système. La troisième enfin renfermerait toutes les Oupanishads qui à l'idée générale de Dieu substituent une divinité particulière, et spécialement Vishnou et Çiva, honorés postérieurement par tant de sectes dans l'Inde. M. Albrecht Weber compte 15 Oupanishads de la première classe, 26 dans la seconde, et plus de 30 dans la dernière (1).

Quoi qu'il en puisse être de l'exactitude de ces catalogues, qui se compléteront et se fixeront peu à peu, bon nombre des Oupanishads de l'*Atharvana*, ainsi que des autres Védas, sont connues; et l'on peut voir très-nettement quel en est le caractère général. Les traductions de

(1) M. Albrecht Weber (*Academische Vorlesungen*, p. 149) porte le nombre total des Oupanishads pour les 4 Védas à 93; et il paraît, d'après de nouvelles recherches faites dans l'Inde par M. Walter Elliot, qu'il faudrait accroître ce nombre et en compter 123 et même 147.

Colebrooke, de Rammohun-Roy, de M. Poley, de M. Albrecht Weber (1), etc., en ont rendu l'accès facile.

Je donnerai un morceau de la Moundaka, la première et l'une des plus intéressantes parmi les Oupanishads propres de l'*Atharva-Véda*. La Moundaka se compose de trois parties appelées moundakam, et subdivisées chacune en deux sections ou khandas. Le mot de *Moundaka* signifie rasoir, l'instrument avec lequel on rase ou l'action de raser; et aussi, dans l'acception ordinaire, le barbier. Ainsi la Moundaka est l'Oupanishad qui rase tous les péchés de l'âme, qui la nettoie, qui la délivre. Cette dénomination est assez bizarre; mais nous avons vu déjà, en étudiant les Védas, des choses assez étranges pour que cette singularité de mauvais goût ne nous étonne plus.

Voici le premier moundakam dans ses deux parties:

ATHARVA-VÉDA (MOUNDAKOPANISHAD) (2):

Brahma était le premier des dieux, le créateur de l'univers, le gardien du monde. Il enseigna la science de Dieu, qui est le fondement de toute science, à son fils aîné Atharvan. Cette science sacrée, que Brahma révéla à son fils Atharvan, fut communiquée par celui-ci à Anguir; Anguir la transmit à Satyavâha,

(1) M. Albrecht Weber et ses élèves s'en sont spécialement occupés dans le second volume des *Indische Studien*. M. Weber a fait aussi un long travail dans ce recueil sur l'*Oupnékhat* d'Anquetil-Duperron, et il a donné une notice sur chacune des Oupanishads qu'il renferme. Ce travail n'est pas encore achevé.

(2) Colebrooke, *Essays*, t. I, p. 93; *Bibliotheca Indica*, VIII, p. 262; *Rammohun-Roy*, Translations, p. 23. La traduction de *Rammohun-Roy* est plutôt une paraphrase, qui n'est pas toujours fidèle à la pensée qu'elle veut reproduire. M. Poley, p. 29; et aussi dans l'*Oupnékat* d'Anquetil, t. I, p. 375.

descendant de Bharadvâdja; et ce fils de Bharadvâdja transmit cette science traditionnelle à Anguirasa.

Le fils de Sounaca, puissant chef de maison, s'adressant à Anguirasa avec un profond respect, lui dit : Quelle est la chose, ô vénérable sage, dont la connaissance peut faire comprendre cet univers?

Le saint personnage lui répondit : Il faut distinguer deux espèces de sciences, ainsi que le déclarent ceux qui connaissent Dieu : la science suprême et la science inférieure. Cette autre science inférieure, c'est celle du Rig-Véda, du Yadjour-Véda, du Sâma-Véda et de l'Atharva-Véda; elle comprend les règles de l'accentuation, les rites de la religion, la grammaire, la glose et l'explication des termes obscurs, la prosodie et l'astronomie; elle comprend encore les Itihasas (1) et les Poûranas, la logique avec le système d'interprétation, et enfin la doctrine des devoirs moraux.

Mais la science suprême est invisible; elle ne peut pas être saisie; elle ne peut pas être expliquée; elle est sans couleur; elle n'a pas d'yeux ni d'oreilles; elle n'a pas de mains ni de pieds; elle est éternelle, toute-puissante; elle peut pénétrer partout, sous les formes les plus diverses; subtile, inaltérable, elle est contemplée par les sages qui trouvent en elle la source et la matrice des êtres.

Comme l'araignée étend ou retire sa toile, comme les plantes surgissent sur la terre; comme les cheveux croissent sur la personne qui est vivante : ainsi cet univers est produit par l'impérissable nature. Par la contemplation et la piété, Brahma vient à germer, et ensuite sort la nourriture qui forme le corps; et de la nourriture viennent successivement le souffle, l'esprit, les éléments matériels, les mondes et l'immortalité qui naît des bonnes œuvres. C'est l'être qui sait tout; et la dévotion peut seule arriver à la connaissance même de celui qui sait tout;

(1) Toute cette fin du paragraphe manque dans beaucoup de manuscrits; c'est sans doute une interpolation.

c'est de lui que procède Brahma, qui se manifeste avec tous les noms qui le désignent, avec toutes les formes qu'il revêt, avec tous les aliments qui le font vivre.

Telle est la vérité; et vous, observateurs fidèles de tous ces devoirs que les poëtes sacrés recommandent dans leurs hymnes, et que rappellent si souvent les trois Védas, remplissez-les sans cesse avec amour; c'est le chemin qui en ce monde conduit au bien. Quand la flamme ondule et s'élève dans un feu qui brille, le prêtre doit aussitôt, dans sa piété, jeter au milieu du foyer ses offrandes, qui l'entretiennent avec le ghrita; mais celui qui oublie le service d'Agni, qui ne fait ni les sacrifices de la nouvelle et de la pleine lune, ni les sacrifices des quatre mois, qui n'observe point l'hospitalité, qui ne fait point les prières saintes et oublie tous les dieux, celui-là détruit pour lui les sept mondes.

Kâli, Karâli, Manodjavâ, Soulohitâ, Soudhoumravarnâ, Sphoulinguinî et Visvaroutchi Dévî, voilà les noms des sept langues de flammes qui se produisent dans le feu. Le mortel qui présente ses offrandes au temps prescrit, quand brillent ces langues de feu, est enlevé, par la puissance de ses offrandes ainsi faites, sur les rayons du soleil, dans le ciel où règne l'unique souverain des dieux du ciel. « Viens, viens avec nous, » c'est l'appel que les brillantes offrandes adressent à ce pieux mortel, quand elles le transportent au ciel à travers les rayons du soleil; et en lui adressant de douces paroles et en l'adorant avec respect, elles lui disent : « Voilà pour vous le monde de Brahma, pur, acquis par vos bonnes œuvres. »

Ces dix-huit personnes qui figurent dans le sacrifice sont faibles et changeantes, et l'œuvre qu'elles accomplissent est impuissante comme elles. Ceux qui croient y trouver le bien suprême se voient de nouveau soumis, les insensés, à toutes les vicissitudes de la vieillesse et de la mort. D'autres, non moins malheureux, qui, malgré leur ignorance, se croient les plus savants des hommes, s'agitent et s'égarent comme des aveugles qu'un aveugle conduit. Restant plongés dans leur ignorance qui revêt tant de formes : « Nous accomplissons tous les rites, » pensent-ils en eux-mêmes, ces gens insensés ; mais ils ne savent pas qu'en agissant ainsi, ce sentiment même les conduit au monde de leur perte. Ne regardant qu'au sacrifice pieux qu'ils ont fait, et dans leur folie ne voyant rien de mieux, ils retombent, après avoir joui de ce ciel qu'ils s'étaient forgé, dans un monde encore plus redoutable et plus fâcheux. Ceux qui, pour se livrer aux austérités, se sont retirés dans la forêt, ceux qui suivent la sagesse et qui ne vivent que de l'aumône qu'ils reçoivent, ceux-là, dans leur continence, vont par la porte du soleil dans ce monde où habite ce Dieu, ce Pourousha immortel qui ne tire son éternité que de lui-même. Dédaignant tous ces mondes, qui ne sont que le fruit des œuvres, le brahmane y doit rester indifférent, et se dire : « Ce monde-là n'a point été fait, comme il doit être fait, saintement ; » et pour arriver à se bien persuader cette vérité, qu'il aille, le bois du sacrifice à la main, trouver un précepteur qui connaisse à fond l'écriture et ne s'appuie que sur Brahma. A ce disciple docile, qui a complètement dompté ses sens et qui possède la quiétude de l'esprit, le sage précepteur enseigne la vérité par laquelle on connaît l'Être immuable ; il enseigne à fond la science de Dieu.

Le second moundakam continue sur le même ton l'étude de l'Être suprême ; et la grandeur des idées reste pareille, ainsi que l'expression. Mais le troisième commence par une métaphore très-singulière, qui semble appartenir à un tout autre monde que le monde indien, et qui se trouve très-souvent employée dans la littérature slave.

Deux beaux oiseaux, unis ensemble, amis l'un de l'autre, habitent le même arbre, leur demeure commune. L'un d'eux mange et savoure les fruits de l'arbre dont il fait sa nourriture et ses délices ; l'autre, sans rien manger, le regarde et le contemple.

Sur cet arbre commun, l'âme, plongée dans l'ignorance,

qui ne lui laisse pas connaître son maître, se désole et s'afflige de la folie où elle reste. Mais quand elle sait qu'il est un autre maître qu'elle doit adorer et servir et qu'elle se dit : « Voilà sa grandeur infinie », alors elle est délivrée de son chagrin. Oui, quand le voyant sait voir ce Dieu resplendissant comme l'or, ce maître souverain de l'univers qu'il a créé, ce Pourousha d'où est sorti Brahma lui-même, alors plein de sagesse, frissonnant de joie dans sa pureté et dans sa continence, il arrive à la suprême union avec Dieu.

Ces deux beaux oiseaux, si l'on s'en rapporte aux commentateurs, sont l'âme de l'homme et Dieu. L'arbre qu'ils habitent tous deux, c'est le corps; mais ce séjour ne donne à l'âme que des ténèbres et des tristesses. Si elle veut contempler la lumière et guérir ses maux, il faut qu'elle se tourne vers Dieu; elle le trouve à côté d'elle, dans la demeure même qu'elle habite avec lui et qu'il lui est donné de purifier. La Moundaka est une des Oupanishads qu'avait traduites Rammohun-Roy, pour prouver que le vrai sens des Védas était l'adoration d'un dieu unique et tout-puissant; et l'on doit avouer que c'était un témoignage qui ne laissait pas que d'avoir quelque force. Il y a, dans la Moundaka, beaucoup de passages dont le déisme le plus ombrageux pourrait, en ne s'en tenant qu'à la forme, se montrer satisfait; et son langage a parfois une vérité et une beauté qui ont été toujours très-rares dans ces grands sujets.

La Praçna, qui est la seconde des Oupanishads de l'*Atharva-Véda*, n'est pas en vers comme la Moundaka; elle n'est guère plus longue qu'elle; elle se partage en six questions, en sanscrit Praçna, d'où elle tire son nom. Ces questions sont adressées au rishi Pippalâda par six jeunes gens qui vont le consulter. Kavandhi, fils de Katyâyana, l'interroge d'abord sur l'origine des créatures. Le sage répond à cette première question non pas en remontant à la création du monde, mais en entrant dans quelques détails sur la reproduction des êtres. Ensuite Veidarbhi, fils de Bhrigou, l'interroge sur la nature des dieux; et c'est l'objet de la seconde section ou Praçna. La troisième traite du souffle de vie, des conditions de son entrée dans le corps et de sa sortie. Dans la quatrième, c'est une explication du sommeil et de l'état de l'âme dans cet anéantissement passager de ses facultés. Dans la cinquième, Satyakama (l'amant de la vérité), fils de Çiva, demande dans quel monde va l'homme qui durant sa vie a médité sur les sujets qu'ils viennent de discuter. Enfin Soukéça, fils de Bharadvâdja, prie le sage de résoudre une dernière question qu'il n'a pas pu résoudre lui-même à l'un de ses amis, fils de roi : Quels sont les seize éléments dont l'homme se compose? Pippalâda lui répond, à peu près comme aurait pu le faire un sectateur du Sânkhya, que les seize éléments dont est formée la nature de l'homme sont les cinq sens internes ou de perception, les cinq sens externes ou d'action, les cinq éléments, et enfin le manas ou le sens commun, chargé de réunir les informations de tous les autres sens et de les transmettre à l'âme.

La Mândoûkyopanishad a deux parties très-distinctes; la première, qui est très-courte, est en prose et assez ancienne; la seconde est l'œuvre du grammairien Gaoudapada, qui vivait dans le VIIe siècle de notre ère; elle est en vers. Mais l'ouvrage de Gaoudapada, qui porte le nom de *Kârikâ*, ou vers mémoriaux, n'est peut-être qu'une paraphrase rhythmique de la doctrine primitive, et il acquerrait alors une valeur qu'il n'aurait pas par lui seul. Il est assez étonnant, du reste, que ce travail d'un grammairien ait pris place dans le canon des livres sacrés; mais ce n'est pas le seul exemple, et il y a des Oupanishads de la main de Çankara, l'illustre champion de l'école Védantâ, plus récent encore que Gaoudapada. La critique européenne, moins indulgente que la critique indienne, ne pourra point admettre parmi les Oupanishads authentiques ces compositions toutes modernes ; et Colebrooke a déjà fait voir que toutes les Oupanishads où se montrent le culte de Rama, de Çiva et de Krishna, et les doctrines des sectes, devaient être rejetées (1). Elles se trouvent en général dans la troisième classe de M. Albrecht Weber. La philologie de notre temps ne peut pas encore se permettre ces éliminations ; mais le moment n'est pas éloigné où elle pourra les faire à coup sûr.

La Kénopanishad tire son nom, comme l'Isopanishad dans la Vâdjasaneyi, du premier mot qui la commence. « Kéna, » en sanscrit, signifie « par qui ; » voici le début de la Kénopanishad :

Par qui appelé, par qui mis en mouvement, l'esprit tombe-t-il dans le corps? Par qui formé, le premier souffle de vie vient-il à y entrer? Par qui les hommes ont-ils été doués de cette voix qui parle? Quel dieu leur a donné la vue? Quel dieu leur a donné l'ouïe?

La Nrisinhatâpanîyopanishad est consacrée tout entière au culte de Vishnou ; elle est en prose, et au milieu de matériaux assez modernes elle a quelques fragments anciens ; M. Albrecht Weber la croit du IVe siècle de notre ère (2) : Gaoudapada et Çankara l'ont commentée.

La Kathopanishad, qu'on rattache au Yadjour-Véda, plus souvent encore qu'à l'*Atharvana*, est un dialogue entre un fils de roi et Yama, le dieu de la mort, qui l'in-

(1) Colebrooke, *Essays*, t. I, p. 112.
(2) *Academische Vorlesungen*, p. 160.

struit dans la théologie la plus profonde. C'est une des Oupanishads qu'a traduites le brahmane Rammohun-Roy à l'appui de la thèse qu'il soutenait, et que ce petit ouvrage ne dément pas (1).

Je ne pousserai pas plus loin cette étude sur les Oupanishads de l'*Atharvana*. On voit ce qu'elles sont, et je passe aux dernières considérations que je veux présenter sur la date et la valeur des Védas en général.

V.

DE L'ÉPOQUE DES VÉDAS.

On ne s'attend pas, bien entendu, à trouver ici des dates précises. L'Inde elle-même ne nous en donne pas une seule sur les faits les plus importants de son histoire, et les Védas, tout vénérés qu'ils sont, n'en n'ont pas eu plus que tout le reste. Absorbé dans l'idée de l'éternité, le génie indien ne semble pas s'être aperçu que le temps s'écoule pour l'homme, s'il ne peut s'écouler pour l'Être infini; et la chronologie telle que nous la comprenons, telle que la comprennent même les Chinois, est restée chose étrangère et parfaitement indifférente à l'Inde. Ce n'est pas, comme on a pu le voir, que les monuments soient peu nombreux; ils abondent au contraire; mais pas un seul ne peut nous éclairer : tous se taisent sur les temps où ils furent composés, et il est à présumer que jamais la science ne pourra leur arracher complétement ce secret.

Elle serait même fort embarrassée de dire comment ces monuments lui ont été transmis : elle les possède, elle les

(1) Voir *Translations of the Veds*, p. 59. Le texte de la Kathopanishad est dans le 8e volume de la *Bibliotheca Indica*, p. 74 et suivantes.

explique; mais comment sont-ils parvenus de ces âges antiques jusqu'à nous? C'est ce qu'il serait bien difficile de savoir, du moins aujourd'hui. Du reste, si les Indiens ont été peu soucieux de leur histoire, ils l'ont été prodigieusement de l'authenticité de leurs livres sacrés. C'est un fait à peine croyable que les Védas, dans leurs mantras, c'est-à-dire dans la partie vraiment essentielle, n'ont pas subi, depuis près de trois mille ans, la moindre altération; les copies les plus diverses qu'on a pu s'en procurer ne présentent pas la plus légère variante, et le texte sacré, tel que l'a fixé le travail de récension fait huit ou neuf siècles au moins avant notre ère, n'a pas varié d'une syllabe : curieux problème, dont l'archéologie indienne n'aura peut-être pas de sitôt la solution, mais qui mérite bien d'être signalé, et qui fait le plus grand honneur au peuple qui l'a rendu possible, sans d'ailleurs pouvoir, moins que qui que ce soit, le résoudre lui-même. J'ajoute que cette immutabilité du texte védique ne se montre pas seulement dans les transcriptions entières qui en ont été faites à profusion; elles se retrouvent au même degré dans les citations partielles, qui sont innombrables et qui se répètent sous toutes les formes, dans toute espèce d'ouvrages.

Quand je parle de la chronologie des Védas, je ne veux désigner que les parties les plus anciennes de ce vaste recueil. J'en exclus les Brâhmanas, bien que quelques-uns, selon toute apparence, soient antérieurs à la rédaction définitive; j'en exclus, à plus forte raison, les Oupanishads, dont plusieurs sont d'une haute antiquité, sans doute, mais dont quelques-unes aussi descendent jusqu'à des temps très-modernes. Je n'entends fixer approximativement que l'époque du *Rig-Véda* et des parties originales de l'*Atharvana* et du *Yadjour*. Il n'y a point à s'occuper ni des parties de ces deux derniers ouvrages, qui sont empruntées au *Ritch*, ni du *Sâma-Véda* tout entier, qui n'est qu'une répétition des autres. La question, circonscrite de cette manière, est encore assez intéressante pour provoquer les plus sérieux efforts; et l'antiquité de l'Inde, si célèbre, ne peut s'entendre qu'au sens où je l'entends ici et dans ces limites assez étroites. Les Védas ont été la source de toute la civilisation indienne; et les dater, du moins comme on le peut à l'heure qu'il est, c'est dater l'origine de tout ce qui a suivi.

William Jones, se fondant sur la différence de langue qu'il remarquait entre les hymnes védiques et les lois de Manou, et accordant aux listes de Rishis données par quelques Oupanishads plus de confiance qu'elles n'en méritent peut-être, essayait d'assigner une époque aux Védas; et, avec l'impétuosité de génie qui le caractérise, il n'hésitait point à préciser les choses : il déclarait que le *Yadjour-Véda* avait été composé 1580 ans à peu près avant l'ère chrétienne (1).

Du témoignage trop peu sûr des Oupanishads, même quand William Jones l'interprétait, Colebrooke croyait pouvoir en appeler à l'astronomie; et voici comment il procédait dans sa recherche. A chacun des Védas est attaché un petit traité appelé Yotish, qui est un calendrier rituel, et qui fixe le moment des cérémonies diverses par l'apparition de certains astres qu'il désigne. Or, dans les deux Yotish du *Ritch* et du *Yadjour*, Colebrooke trouve un passage où est donnée la position des solstices relativement à deux constellations, et cette position ne peut avoir eu lieu que dans le XIVᵉ siècle avant notre ère. C'est

(1) Voir la préface et la traduction des *Lois de Manou*, Œuvres complètes de William Jones, t. VII, p. 79.

là l'époque où le calendrier védique a été composé ; et comme naturellement le Véda lui-même a dû l'être auparavant, on voit que Colebrooke arrivait au même résultat à peu près que William Jones, bien que par une toute autre voie (1).

Colebrooke confirmait ce premier passage du Yotish par une citation d'un auteur indien nommé Paráçara, qui rapportait une observation des colures des équinoxes ; et cette observation, dont William Jones avait fait également usage, correspondait à l'année 1391 avant l'ère chrétienne (2). L'illustre indianiste en concluait encore que la compilation des Védas, tels que nous les avons aujourd'hui, avait dû être faite au plus tard dans le XIVe siècle avant Jésus-Christ. Enfin, remarquant qu'un des hymnes du *Rig-Véda*, l'hymne à *Pourousha* (3), était écrit dans le style des poëmes épiques, il en tirait cette conclusion qu'à l'époque de la compilation des Védas, le sanscrit avait déjà changé les formes irrégulières et rudes du dialecte védique, pour ces formes polies et sonores qu'on trouve dans les grandes compositions mythologiques et dans les Poûranas (4).

Colebrooke, d'ailleurs, avec la justesse d'esprit qu'on lui connaît, ne prenait ces assertions que pour des conjectures, et il ne croyait pas qu'en cet obscur sujet on pût, même avec l'aide de textes aussi positifs, aller au-delà d'une simple probabilité.

Ces preuves de William Jones et de Colebrooke, bien qu'employées avec tant de réserve, et quoique admises

(1) Colebrooke, *Essays*, t. I, p. 108.
(2) Colebrooke, *Essays*, t. I, p. 200.
(3) Voir plus haut, page 111, la note 3.
(4) Colebrooke, *Essays*, t. I, p. 309.

par M. Wilson, le plus illustre et le doyen des indianistes, n'ont pas paru suffisantes; et, sans les combattre directement, ni discuter les passages allégués par eux, on a tenté des preuves différentes. M. Roth s'est borné à élever des doutes; et les monuments indiens d'astronomie lui ont semblé trop contestables pour qu'on pût s'y fier (1).

Par le même motif, sans doute, M. Albrecht Weber (2) rejette toutes les autorités indiennes; elles lui paraissent dénuées absolument de valeur, et il s'étonne qu'on ait jamais pu songer à bâtir quelque chose sur un terrain aussi ruineux. Il s'arrête donc uniquement à l'étude des ouvrages védiques en eux-mêmes, au culte qu'ils renferment et aux indications géographiques qu'il fournissent. A ce premier témoignage, il en joint un autre, celui de Mégasthène, qu'il regarde comme aussi grave. De cette série nouvelle de preuves, il tire seulement cette conclusion : que la littérature indienne nous a transmis les monuments écrits les plus anciens probablement de tous ceux que nous possédons, et que, dès le temps d'Alexandre, la presqu'île tout entière était convertie au brahmanisme. Voilà tout ce que veut affirmer M. Weber, et je ne le blâme pas de se tenir dans cette sage circonspection; mais ces assertions, toutes modestes qu'elles paraissent, reportent l'antiquité des Védas au moins aussi haut que le faisaient Colebrooke et William Jones; et M. Weber lui-même, qui, d'après le *Rig-Véda*, fait partir le peuple indien des frontières reculées du nord-ouest pour s'avancer au sud et à l'est, ne peut s'empêcher de s'écrier : « Quelle suite de siècles n'a-t-il pas fallu pour que cette « immense étendue de pays qu'habitaient des races sau-

(4) M. R. Roth, préface au *Niroukta*, p. 17.

(5) M. Albrecht Weber, *Academische Vorlesungen*, p. 2.

« vages et puissantes, fût convertie à la religion des brah-
« manes ! »

Je concède à MM. Roth et Weber que les monuments de l'astronomie indienne sont encore trop peu connus, et probablement trop peu anciens, pour qu'on puisse les interroger avec sécurité et se fier à leurs réponses. Je concède que c'est aux Védas eux-mêmes qu'il faut s'adresser, et que c'est principalement par des investigations philologiques et littéraires qu'on peut espérer d'atteindre le but, et de savoir ce qu'on doit penser de l'antiquité de l'Inde. Mais je crois qu'à côté des Védas, il est des faits historiques de la plus haute importance, de la plus incontestable certitude et dont on n'a pas suffisamment tenu compte. Ces faits historiques sont de nature à jeter la lumière la plus certaine sur la question qui nous occupe, si l'on veut se contenter comme on le doit en pareille matière, de données approximatives. En effet, que veut-on savoir ici ? Ce n'est pas apparemment en quelle année au juste tel hymne de tel Véda a été composé ? en quelle année naquit ou mourut tel Rishi, auteur de cet hymne ? L'Inde ne pourra jamais nous satisfaire par cette exactitude minutieuse, à laquelle la Grèce elle-même ne nous a pas toujours accoutumés, et qu'on ne peut trouver que dans les annales chinoises ou chez quelques peuples chrétiens. Mais ce qu'on veut savoir, c'est si l'Inde, en effet, a des droits à cette antiquité supérieure que tous ses voisins lui attribuent, qu'elle s'attribue elle-même, et qu'il est bien difficile de lui refuser quand on s'en tient à la tradition ; c'est de savoir si l'âge védique est antérieur à l'âge d'Homère, par exemple ; et si, dans ce grand courant de l'histoire de l'humanité, l'Inde est plus près de la source que la Grèce, à laquelle elle a donné sa langue et sa mythologie.

Je ne crois pas qu'à la question ainsi posée, la réponse puisse être douteuse ; et à ce point de vue, les dates assignées par William Jones et Colebrooke, loin de paraître exagérées, ne sont, on peut le dire, qu'un minimum. C'est ce que je tiens à prouver.

Les deux grands faits historiques que j'indiquais tout à l'heure sont l'expédition d'Alexandre et le bouddhisme, l'un étranger à l'Inde, l'autre tout indien, si ce n'est brahmanique. J'en parle dans l'ordre où on les a connus, et non pas dans l'ordre où ils se sont réellement succédé.

L'expédition du héros macédonien remonte à l'an 326 avant notre ère ; et bien que le séjour des Grecs ait été fort rapide, le bruit des armes et de la conquête dans un pays absolument inconnu ne les a pas empêchés de nous transmettre une foule de renseignements curieux et très-exacts, au milieu de fables dont on leur a fait trop de reproches. A l'exemple du chef ou même par ses ordres, plusieurs de ses lieutenants écrivirent des mémoires intéressants et détaillés sur ce qu'ils avaient fait et sur ce qu'ils avaient vu. Avant Mégasthène, qui n'alla qu'une trentaine d'années plus tard à la cour de Tchandragoupta, roi de Patalipoutra, cinq ou six autres écrivains plus ou moins dignes de foi, avaient publié leurs ouvrages : Onésicrite, que Strabon a traité beaucoup trop sévèrement, Aristobule, Néarque, Clitarque, Ptolémée, etc. Il résulte de toutes les dépositions de ces témoins que l'Inde, à cette époque, était tout à fait constituée, que les castes y étaient établies avec toutes leurs différences, comme nous le montre le code de Manou, et que les brahmanes, que Néarque déjà désigne par leur propre nom, sont alors les maîtres de la société qu'ils ont organisée et qu'ils dirigent. On peut même, je crois, reconnaître des bouddhistes dans les Sarmanai de Mégasthène et les Pramnai qui sont opposés aux brahmanes (1). Le mot de Sarmanai ou Germanai des Grecs est le mot sanscrit Çramana, qui signifie un ascète domptant ses passions et ses sens, et qui est devenu le titre spécial des sectateurs de Bouddha. S'il n'y avait que ce seul fait pour démontrer que le bouddhisme existait dans l'Inde (2) dès le temps d'Alexandre, j'avoue que cette preuve me paraîtrait insuffisante, comme elle l'a paru à tant d'autres; mais comme cette preuve est la moindre de toutes celles qu'on peut donner, je ne vois pas pourquoi l'on s'y est arrêté, et comment on a prétendu en tirer exclusivement des conséquences qu'on pouvait obtenir par des voies beaucoup plus certaines.

Ainsi, dès le temps d'Alexandre, l'Inde tout entière est brahmanique.

Mais les livres bouddhiques, que nous possédons comme nous possédons les védas, nous le démontrent bien mieux encore et d'une manière absolument irréfutable. Les détails de tout genre dans lesquels ils entrent, sont si nombreux, si précis, qu'il n'y a plus de place au scepticisme même le plus résolu; et que devant cet amas de preuves, accumulées à une toute autre fin, il faut se rendre, à moins qu'on n'ait le parti pris de nier l'évidence même. Les livres bouddhiques du Népâl, découverts par M. Hodgson et traduits ou analysés par M. Eugène Burnouf (3), nous montrent la société indienne parvenue sous la direction des brahmanes, appuyés eux-mêmes sur les védas, à cet

(1) Strabon, liv. xv, p. 716.

(2) M. Albrecht Weber, *Acad. Vorles.* p. 27, n'a pas tenu assez de compte de faits attestés par les livres bouddhiques.

(3) Voir le grand ouvrage de M. Eugène Burnouf, *Introduction à l'histoire du bouddhisme indien*, et sa traduction du *Lotus de la bonne loi*.

état de corruption morale où une réforme est possible et où elle devient nécessaire. Ils nous montrent tous cette société avec ses gouvernements tels que devaient les trouver plus tard les compagnons d'Alexandre, avec ses vices tels qu'ils ont subsisté malgré la réforme de Bouddha, avec ses superstitions extravagantes, ses légendes, ses croyances, sa religion dès longtemps fixée et toute-puissante. La mort du Bouddha, le réformateur, est de deux siècles au moins antérieure à l'expédition d'Alexandre. Cette date, si importante pour l'histoire de l'Inde, et l'on peut ajouter pour l'histoire universelle, n'est pas encore fixée précisément. Deux peuples convertis l'un et l'autre au bouddhisme et très-fervents dans leur foi, autant qu'exacts dans leur chronologie, nous la donnent de deux façons différentes. Selon les Chinois, Bouddha serait mort en l'an 950 avant notre ère; selon les Singhalais dont les annales ne sont pas moins authentiques, il serait mort quatre cents ans plus tard, c'est-à-dire l'an 543. Je ne décide pas entre ces deux chiffres; et les difficultés d'une solution sont si grandes, les questions sont si nombreuses et si obscures, que les esprits les meilleurs et les plus savants ont hésité à se prononcer. Mais s'il est un fait acquis dans ces recherches délicates, c'est que le bouddhisme ne peut être postérieur à cette dernière indication, et qu'il est tout au moins du VIe siècle avant l'ère chrétienne (1).

Il n'est pas besoin, pour le point que nous voulons

(1) Voir l'article de M. Biot, *Journal des Savants*, avril 1845, sur le livre de M. E. Burnouf, *Introduction à l'histoire du bouddhisme indien*. M. Biot a fait constater par le savant M. Stanislas Julien que le plus ancien témoignage sur le bouddhisme qu'on trouve dans les annales chinoises, est de l'an 58 avant J.-C., et que ce témoignage atteste l'existence d. bouddhisme au nord de la Chine en l'an 120 avant notre ère.

éclaircir, d'une donnée ni plus précise ni plus ancienne; et nous pouvons sans la moindre incertitude remonter de l'expédition d'Alexandre à l'apparition du bouddhisme, deux cents ans au moins avant cette expédition.

Maintenant calculons ce qu'il a fallu de temps, ce qu'il a fallu de siècles pour que le brahmanisme se développât, pour qu'il conquît une domination absolue, pour qu'il tombât dans la corruption et la décadence, et pour qu'il provoquât enfin la grande réforme de Çâkyamouni. Entre les védas et le brahmanisme organisé et constitué comme nous le voyons dans les Lois de Manou, dans les livres canoniques du Népâl et de Ceylan, dans les fragments parvenus jusqu'à nous des mémoires composés par les lieutenants d'Alexandre, l'intervalle doit être nécessairement considérable. Il ne l'est pas moins, il l'est peut-être encore davantage entre le brahmanisme, tel qu'il apparaît dans tous ces monuments, et le bouddhisme, qui tenta de le réformer et qui fut vaincu par lui. Je ne voudrais pas exagérer les choses, ni faire des rapprochements inexacts; mais quand je vois le temps qui s'est écoulé entre le mosaïsme et la venue du Christ, quand je compte les siècles qui séparent l'établissement des lois de Moïse et la prédication chrétienne, je ne puis croire qu'il se soit écoulé moins de temps, d'une part, entre les mantras du véda et la constitution souveraine du brahmanisme; et, d'autre part, entre le brahmanisme lui-même et la prédication du Bouddha. Par cette voie encore, et en nous tenant toujours dans de larges limites, on se trouve ramené aux calculs de William Jones et de Colebrooke (1).

(1) J'ai raisonné dans l'hypothèse de la date des Singhalais; si l'on admettait la date des Chinois, la question de l'âge des Védas serait, par cela seul, résolue dans les limites où nous la

Mais entre cette époque où le brahmanisme est dominateur incontesté et maître absolu, et cette autre époque où surgit une nouvelle croyance, se place un grand fait ou plutôt une grande doctrine, qui a fourni au bouddhisme lui-même et le fond de ses principes et ses arguments les plus puissants. William Jones, Colebrooke, Burnouf, M. Wilson, et je pourrais ajouter tous les indianistes, n'hésitent pas à reconnaître dans le bouddhisme, devenu plus tard une religion, un développement et une copie du sânkhya de Kapila. La ressemblance ne peut faire le moindre doute pour qui se donnera la peine d'étudier les deux doctrines : les bases de l'une et de l'autre sont identiques. Kapila se sépare des védas sans hostilité ; il n'attaque pas l'autorité de l'écriture sacrée, il la néglige, pour s'adresser à la science, en d'autres termes à la raison, seule capable, selon lui, d'assurer à l'homme le salut éternel. Par la science et par la vertu, son inséparable compagne, l'homme peut conquérir la béatitude, c'est-à-dire s'affranchir à jamais de la loi fatale de la transmigration. Voilà la doctrine de Kapila, et c'est aussi la doctrine bouddhique elle-même. Seulement, comme le philosophe avait laissé planer une certaine obscurité sur l'état de l'âme dans cette vie immuable que lui procure la science, le Bouddha ajoute un nouveau principe à tous ceux qu'il emprunte ; et il déclare que par la science et la vertu l'âme de l'homme est éternellement anéantie. L'adoration et la recherche fanatique du néant est le dogme fondamental du bouddhisme. Kapila, tout athée qu'il peut être, avait reculé devant la hideur de cette croyance ; Çâkyamouni la brave, ou plutôt il s'y complaît. Mais s'il ne l'a point dérobée à

pesons ; et si le Bouddha est du xe siècle avant l'ère chrétienne, les Védas seraient certainement antérieurs au XVIe.

son maître, il lui a pris tout le reste. Ainsi entre le bouddhisme, apparaissant au plus tard dans le VIe siècle avant notre ère, et le brahmanisme, dès longtemps en possession du pouvoir religieux, nous pouvons trouver comme une halte intermédiaire de l'esprit indien dans le système indépendant du sânkhya, que le bouddhisme suppose nécessairement, puisqu'il le reproduit, tout en en faisant une religion au lieu d'une école.

Dans la succession de ces trois doctrines, le brahmanisme, le sânkhya et le bouddhisme, il n'y a rien que de parfaitement naturel. Elle est conforme au cours habituel des choses. Des livres révélés donnent naissance à une religion qui en est tirée, et qui s'en inspire en les interprétant à son gré. Cette religion, d'ailleurs très-tolérante, voit surgir dans son sein une philosophie qui, tout en la respectant, se sépare d'elle et la quitte, parce qu'elle la trouve impuissante à satisfaire la raison de l'homme et à le sauver. Ce système de philosophie, longtemps étudié dans le silence et dans le recueillement, est apporté un jour sur la scène du monde par un hardi réformateur; et il devient à son tour, et par les nécessités mêmes de son nouveau rôle, une religion qui contredit et qui tente de détruire celle d'où lui-même s'était peu à peu détaché. Mais ces mouvements de l'esprit humain sont partout bien lents; ils le sont même peut-être plus encore dans l'Inde que partout ailleurs; et cette étape de l'intelligence indienne, qu'on peut reconnaître dans le sânkhya après le brahmanisme, n'aura point certainement été rapide, pas plus que ne l'aura été cette seconde étape du sânkhya au bouddhisme.

Nous voilà donc, en faisant des pas assez sûrs et sans aucune hypothèse, arrivés de l'expédition d'Alexandre au bouddhisme, du bouddhisme au brahmanisme, que le sânkhya recule déjà dans un passé bien éloigné. Il ne reste plus qu'un pas à franchir : c'est de savoir quels sont les rapports du brahmanisme lui-même au Véda d'où il se prétend sorti. Parvenus à ce point, l'horizon s'étend encore davantage, s'il est possible ; et l'intervalle qui sépare les Samhitâs des Védas et le brahmanisme, tel que nous le voyons dans les Brâhmanas et dans les Oupanishads, est peut-être plus grand encore que ceux que nous venons de parcourir. On a pu s'en convaincre par les citations que j'ai faites plus haut, et que j'ai tenu à multiplier, pour rendre la démonstration d'autant plus frappante : le monde brahmanique proprement dit n'apparaît pas dans les Mantras, et rien n'y révèle ni l'organisation sociale dont Manou et Yadjnyâvalkya ont tracé les lois, ni le dogme qui est devenu plus tard la base de la religion brahmanique, et même de la réforme essayée contre elle. Chose vraiment surprenante, et qu'on ne saurait trop approfondir ! les Védas ne disent pas un seul mot ni des castes ni de la transmigration. Sur ces deux points essentiels, ils gardent le plus profond silence ; et je ne crois pas trop hasarder en avançant que si les Védas n'ont rien dit des castes et de la transmigration, c'est que les castes n'existaient pas, et que le dogme de la transmigration n'avait pas encore imprégné de toutes parts l'esprit indien, comme il le fit plus tard et pour jamais. Mais j'ai tort quand je dis que les Samhitâs des Védas ne font aucune mention des castes. Un hymne, un seul hymne du *Rig-Véda* les nomme chacune par leur nom, et c'est le fameux soukta de Pourousha qu'ont traduit Colebrooke et Burnouf, sans oublier la traduction qu'en a donnée aussi M. Langlois (1).

(1) Colebrooke, t. I, p. 167 ; Burnouf, *Bhâgavata Pourâna*, t. I, p. 130 ; et M. Langlois, t. IV, p. 341. Voir aussi plus haut, pages 111 et 140.

Mais le style de cet hymne n'est pas du tout védique ; la langue est à peu près celle du sanscrit classique ; Colebrooke l'a constaté (1), et il n'est pas un seul juge compétent qui ne soit de son avis. Il ajoute avec raison que cet hymne a dû être composé à l'époque même où la compilation des Samhitâs a été faite, et qu'on l'a joint aux autres tout récent qu'il était. Ainsi, l'exemple unique qu'on pourrait alléguer ne saurait compter; et l'on peut affirmer d'une manière absolue que le Véda ne connaît point les castes. Je sais bien qu'on peut objecter que ce peut être là une simple omission ; mais quand on trouve dans les Védas tant de détails de moindre importance sur la société indienne, au moment où elle les a produits, je ne puis concevoir, je l'avoue, qu'un fait aussi considérable leur ait échappé ; et je pense plutôt que ce fait n'existait pas dans ce temps, puisqu'ils n'en ont pas parlé. Les castes sont tout entières dans les Brâhmanas (2), comme elles sont dans les Oupanishads ; et cette différence profonde doit servir à distinguer les uns et les autres des Samhitâs, et à mettre entre ces ouvrages un intervalle, qu'ont d'ailleurs creusé la langue et les idées. L'institution des castes, tout ancienne, toute durable qu'elle est, n'est pas absolument endémique à l'Inde ; les peuples Ariens, ancêtres de la nation indienne, ne la connaissaient pas ; et la réforme bouddhique prouve assez que les peuples mêmes qui ont adopté cette institution, ne la supportaient pas sans peine. Les Védas remontent à une époque où elle était encore à naître ; ils étaient le livre sacré d'un peuple qui n'en avait pas fait la base de son organisation sociale.

(1) Colebrooke, *Essays*, t. I, p. 309. M. E. Burnouf a traduit cet hymne sans faire cette remarque.

(2) Voir surtout le septième et le huitième livre de l'*Aitaréya Brâhmana*.

Quant au dogme de la transmigration, la question est plus claire encore, s'il se peut. Je ne crois pas qu'on trouve dans le Véda tout entier un seul passage qui même y fasse la plus légère allusion. Or, quand on songe à la place que tient ce dogme dans la religion, dans la philosophie, en un mot, dans toute la vie intellectuelle de l'Inde, on doit conclure, comme pour les castes, que si les Védas l'ignorent, c'est que ce dogme n'avait point cours au temps des rishis, auteurs des hymnes réunis plus tard dans les Samhitâs.

Il résulte évidemment des considérations précédentes que les Védas répondent à un ordre de croyances et d'institutions qui n'est pas tout à fait celui du monde brahmanique; et l'on a bien fait de créer un mot spécial pour représenter cet ensemble de civilisation qui a précédé la domination des brahmanes. Le védisme ou indouisme sera le premier degré de la civilisation indienne sur les bords de l'Indus et dans le Penjab; le brahmanisme et le bouddhisme seront les deux degrés postérieurs, quand la société se sera organisée sous la direction des brahmanes qu'elle mettait à sa tête, et qu'elle essaiera de se réformer sous la main d'un savant et d'un sage. Le védisme ainsi compris se trouve donc s'enfoncer dans un lointain obscur où les traditions s'affaiblissent, il est vrai, mais où les Védas, mieux connus, et peut-être aussi les livres de Zoroastre, pourront jeter une grande et décisive lumière.

Ainsi les preuves historiques, comme les preuves tirées de l'astronomie, tendent à donner aux Samhitâs des Védas la plus haute antiquité. J'aborde maintenant un ordre de preuves tout à fait différent, et qui sera peut-être plus péremptoire encore : c'est à la philologie que je les demande.

Un fait absolument incontestable pour quiconque a

étudié le sanscrit, c'est que le dialecte des Védas est très-différent du sanscrit classique, qu'il est beaucoup moins formé, et qu'il doit y avoir entre ces deux développements d'une même langue un très-long intervalle de siècles. William Jones, qui était si bon juge en ces matières de philologie et de goût à la fois, a dit ingénieusement qu'entre le sanscrit védique et le sanscrit classique, il n'y avait pas moins de distance qu'entre le latin de Numa et celui de Cicéron (1). Cette appréciation n'a rien d'exagéré; et les recherches qui sont venues après celles de William Jones, loin de restreindre l'intervalle, auraient plutôt pour résultat de l'agrandir encore. Ainsi que je l'ai déjà remarqué, on peut distinguer dans les Védas eux-mêmes des styles fort divers, et j'ajoute même des dialectes dont les formes et la grammaire ne sont pas absolument identiques (2). MM. Roth, Benfey et Weber ont constaté que dans les vers du *Rig-Véda* et du *Yadjoush*, reproduits par le *Sâma-Véda*, les formes grammaticales sont souvent plus anciennes que dans les ouvrages mêmes auxquels le *Sâman* les dérobe. La copie porte un cachet d'antiquité beaucoup plus prononcé que l'original. Ce fait, très-singulier, s'explique assez aisément; et l'on peut penser, avec M. Roth, que le texte du *Rig-Véda*, quand le *Sâman* lui faisait ses emprunts, n'était pas encore arrêté, et qu'il ne subsistait que dans la tradition orale (3). Les besoins du culte que le *Sâma-Véda* devait satisfaire, ont exigé une

(1) William Jones, préface aux *Lois de Manou*, t. VII, p. 79, des OEuvres complètes.

(2) Voir plus haut, pages 34, 101, 112 et 140.

(3) M. Roth, *Zur Litteratur, etc.*, p. 11; M. Benfey, préface du *Sâma-Véda*, p. 28; et M. Weber, *Acad. Vorles.*, p. 8 et suiv.

première rédaction qui a dû soustraire tous les ritchas employés pour le sacrifice du Soma, aux changements que les autres ont successivement éprouvés. Ces ritchas spéciaux ont été dès lors fixés dans la Samhitâ du *Sâman*, tandis que les autres restaient exposés aux modifications qu'y pouvait apporter l'usage populaire qu'on en faisait. On peut supposer encore, avec M. Albrecht Weber, que ce ne sont pas tout à fait les mêmes familles ni les mêmes peuples qui ont conservé les ritchas du *Sâman* et ceux du *Rig-Véda*. La transmission, qui ne se faisait peut-être point à cette époque par l'écriture, a été plus fidèle dans les races des rishis qui avaient composé primitivement ces hymnes; elle l'a été moins dans les races qui ne faisaient que les répéter en les empruntant à leurs voisins. Quoi qu'il en soit de ces explications, assez plausibles et entre lesquelles il est permis de choisir, le fait qui reste certain, c'est qu'entre le *Rig-Véda* et le *Sâma-Véda*, qui en est extrait, on doit distinguer des époques différentes, et que la rédaction du *Sâma-Véda*, bien qu'il ne soit qu'une contre-épreuve, est, selon toute apparence, la plus ancienne.

Des différences analogues se remarquent entre l'*Atharvana* et les autres Védas, le *Ritch* en particulier; et, sans revenir sur des détails que j'ai donnés plus haut, il est constant que l'*Atharva-Véda* est plus récent que les trois autres.

Il est donc possible de distinguer entre les Samhitâs elles-mêmes, des époques successives, et comme des degrés par lesquels passe la collection védique dans sa partie essentielle, pour arriver définitivement à l'état où nous la voyons. Le premier degré, ou plutôt le point de départ, c'est l'inspiration même des rishis. Emus par le spectacle de la nature, profondément pénétrés du sentiment religieux, bien qu'ils le démêlent et le comprennent encore assez peu, ils chantent ; et leurs chants, pleins de la plus sublime poésie et gardiens de toutes les traditions mythologiques, sont conservés oralement par le peuple qu'ils charment et qu'ils instruisent. Le *Rig-Véda* et l'*Atharva-Véda*, dans la partie de leurs hymnes la plus ancienne, représentent cet état primitif. Le second degré, c'est l'organisation du culte. Pour la cérémonie sainte et pour tous les détails du sacrifice, il faut tirer des hymnes entiers certains vers qui répondent plus spécialement aux besoins liturgiques ; il faut même joindre aux vers quelques morceaux de prose pour des formules indispensables, que la poésie n'avait pas pressenties, et qu'elle ne donnait pas. De là le *Sâman* et le *Yadjoush*, l'un complètement formé d'emprunts, l'autre emprunté partiellement ; l'un tout en vers, l'autre moitié prose et moitié vers.

Mais, au bout d'un certain temps, deux nécessités se manifestèrent. D'un côté, la transmission orale, avec toutes les variations qu'elle rend possibles et qu'elle ne saurait éviter malgré le soin le plus sincère et le plus scrupuleux, était une garantie insuffisante pour la conservation des chants sacrés, qui peu à peu étaient devenus des chants divins ; et, d'un autre côté, le sens religieux des cérémonies, le détail des pratiques, l'observation des rites, tendaient chaque jour à s'altérer et même à se perdre. Il fallut donc, presqu'à la fois, fixer le canon des livres révélés et en expliquer l'usage : de là le double travail des Samhitâs et des Brâhmanas. On fit des collections officielles des hymnes et des prières ; et l'on fixa d'une manière minutieuse et définitive toutes les phases du sacrifice, en les rapportant autant que possible aux vers des Mantras. Après les Mantras eux-mêmes, après les prières, les Brâhmanas sont, sans contredit, les parties les plus anciennes et les plus importantes de la collection védique tout entière. Comme l'a dit M. Weber, c'est dans les Brâhmanas, après le Véda, qu'on trouve toutes les origines, et celles du rituel, et celles de l'exégèse sacrée appliquée, soit aux mots mêmes du texte saint, soit à sa signification symbolique, et celles des légendes, et celles de la spéculation religieuse et philosophique (1). A ce titre, les Brâhmanas ne méritent pas moins d'attention que les Mantras; et nous pouvons concevoir comment l'orthodoxie les a joints de très-bonne heure aux livres divins qu'ils expliquaient, et qui, sans eux, couraient le risque de devenir inintelligibles. Il reste un assez grand nombre de Brâhmanas; mais il y en a bien davantage encore de perdus, si l'on en juge par les citations répandues dans une foule d'ouvrages. Peut-être sera-t-il possible d'en retrouver que nous ne connaissons pas encore. La rédaction de ces monuments est sans aucun doute fort ancienne; mais si l'on trouve des nuances distinctes dans les Samhitâs, à plus forte raison doit-on s'attendre à en trouver dans les Brâhmanas. Ils ont été composés pour des besoins différents; et l'on comprend sans peine qu'ils doivent varier comme les Védas mêmes auxquels ils se rattachent. Le *Rig-Véda* s'adresse plus spécialement au prêtre qui récite les Mantras, au hotri; le *Sâman*, au prêtre qui les chante, appelé oudgatri; enfin le *Yadjour*, dans ses deux Samhitâs, au prêtre qui officie, à l'adhvaryou. Les Brâhmanas se modifient et se règlent en conséquence; entre eux, il n'y a point d'uniformité ni d'ensemble. Parfois le Brâhmana n'a pas de rapport à la suite des hymnes, comme celui du *Rig-Véda;* parfois, au contraire, il suit pas à pas les vers et les formules de la Samhitâ, comme

(1) M. Albrecht Weber, *Acad. Vorles.* p. 11 et suiv.

celui des deux *Yadjour-Védas*, *Blanc* et *Noir;* et alors, il n'est guère qu'un commentaire du texte, dont il dissipe les ténèbres et constate l'authenticité.

A quelle époque peut-on faire remonter les Samhitâs et les Brâhmanas? ou en d'autres termes, à quelle époque ont été recueillis les hymnes, et a-t-on essayé de les expliquer en montrant leurs rapports au sacrifice? Cette question est aussi embarrassante et reste aussi indécise que la date de la composition même de ces chants et de ces formules sacrées. M. Albrecht Weber a trop précisé les choses en fixant au troisième siècle avant notre ère la rédaction du *Yadjour-Véda-Blanc*, par ce seul motif qu'il reconnaît dans les Madiandinoi de Mégasthène l'école mâdhyandina, qui a donné une récension spéciale de ce Véda (1). Il se peut fort bien que ce soit chez les Madiandinoi qu'ait pris naissance l'école mâdhyandina; mais qui nous dit que cette école n'est pas de plusieurs siècles antérieurs au siècle où Mégasthène a parlé des Madiandinoi? Il est dangereux dans un tel sujet, et sur des données aussi incomplètes, de prétendre à une complète exactitude. Je préfère m'en tenir à une autre opinion de M. Weber, et placer avec lui la rédaction des Brâhmanas à cette époque de transition où le védisme primitif disparaissait pour faire place au brâhmanisme, moins grand peut-être, mais plus politique. Cette indication, j'en conviens, est bien vague; cependant elle reporte la date des Samhitâs et des Brâhmanas beaucoup plus haut que l'autre; et je m'y fierais d'autant plus volontiers qu'elle s'accorde avec les conjectures de M. Roth, qui fait remonter le travail de la compilation au VIIe siècle, au moins, avant l'ère chrétienne (2).

(1) M. Albrecht Weber, *Acad. Vorles.* p. 11.
(2) M. R. Roth, *Zur Litteratur*, *etc.*, p. 19.

Loin que cette hypothèse soit entachée d'exagération, je crois qu'elle est très-modérée ; et ce qui me porte à le penser, c'est l'immense élaboration d'exégèse et de philologie dont les Védas ont été l'objet dès les temps les plus reculés. Le travail de Vyâsa, ou du premier compilateur, n'a consisté, à ce qu'il semble, qu'à rassembler en recueil les hymnes jusque-là isolés et récités arbitrairement. Mais ce travail ne suffit pas longtemps ; et si le nombre des hymnes réputés divins se trouvait désormais fixé, les interpolations, les altérations, surtout, restaient encore possibles ; et l'orthodoxie naissante s'attacha de toutes ses forces à les prévenir et à les empêcher. D'abord, tant que les hymnes n'avaient pas été réunis, ils étaient enseignés par le maître qui les transmettait à ses disciples en les leur apprenant (1). Mais une fois qu'ils furent rassemblés en corps, et ce grand résultat suppose évidemment l'usage de l'écriture, il se forma des écoles (çâkhâs) pour interpréter les livres saints, pour en noter la récitation, soit parlée, soit chantée, pour en déterminer le sens exact, pour en séparer les mots confondus par le sandhi, pour constater les noms des auteurs humains de ces hymnes, pour en fixer les divisions, en indiquer le rhythme, etc. En général, ces écoles ne se distinguaient entre elles que sur des points secondaires ; et le canon des sacrées écritures restait identique pour toutes (2) avec une immutabilité presque parfaite. Mais elles se multiplièrent à tel point qu'il n'y en eut pas moins de onze cents (3).

(1) L'ensemble des Samhitâs et des Brâhmanas s'appelle la çroûti, c'est-à-dire la tradition que l'on a entendue, en opposition avec celle qu'on a pu lire et dont on se souvient, la çmriti.

(2) Voir plus haut, page 138.

(3) Colebrooke, *Essays*, t. I, p. 14.

et leurs travaux s'étendirent aux Brâhmanas dont elles essayèrent des récensions diverses, ainsi que pour les Samhitâs. L'édition que M. Albrecht Weber a donnée de la Samhitâ du *Yadjour-Véda-Blanc* et du *Çatapatha Brâhmana* suffirait à le prouver. La rédaction de la *Vâdjasaneyi* est celle de l'école kânva ; la rédaction du *Çatapatha Brâhmana* est celle de l'école mâdhyandina.

Ces labeurs incessants des écoles formèrent peu à peu dans le sein de l'exégèse certaines doctrines générales qui prirent de la consistance, et qui devinrent comme une partie de l'orthodoxie elle-même ; elles fixaient définitivement les règles de la grammaire védique et de la métrique, l'accent des mots, leur sandhi, c'est-à-dire, les règles de leur union, leur prononciation, les divers padas ou manières de les couper en les séparant, etc. Toutes ces doctrines, d'abord éparses et controversées, ont été résumées plus tard dans des ouvrages parvenus jusqu'à nous, et qui ont dans l'Inde une sorte d'autorité canonique. On les appelle, du nom même de leur origine, Prâtiçâkhyasoûtrani, c'est-à-dire, Aphorismes résumés des diverses écoles. Colebrooke y avait fait allusion plutôt qu'il ne s'en était servi pour son fameux mémoire ; et c'est M. R. Roth qui, le premier de notre temps, a senti toute l'importance de ces ouvrages et les a signalés à l'attention des indianistes, qui jusque-là les avaient négligés (1). Chacune des Samhitâs a son prâtiçâkhyasoûtram. Il n'y a que celle du *Sâma-Véda* qui en manque, sans doute parce que ce Véda n'est qu'un emprunt, et que toutes les explications qu'il peut exiger avaient été déjà données à l'occasion des trois autres.

(1) M. Roth, *Zur Litteratur*, *etc.*, p. 14 et 53 ; et dans sa préface au *Nighantou*, p. 42.

A quelle époque remontent les prâtiçâkhyasoûtrani? M. Roth les place dans le VIe siècle à peu près avant notre ère, parce qu'il les trouve cités dans Pânini et Yâska, l'auteur du *Nighantou* et du *Niroukta*, antérieur à Pânini lui-même, qui vivait en l'an 350 avant Jésus-Christ (1). Une preuve d'un autre ordre, qui pourrait faire reculer plus haut encore le prâtiçâkhyasoûtram du *Rig-Véda* en particulier, c'est qu'il cite des vers de ce Véda que nous n'avons plus dans notre rédaction (2). Il est donc probable qu'il a été composé avant la récension définitive, et que cette récension, comme nous l'avons vu, serait du VIIIe ou du IXe siècle avant l'ère chrétienne. Ce qu'il y a de certain, c'est que les prâtisâkhyasoûtrani supposent eux-mêmes tous les travaux qui les ont rendus possibles. Ils citent nommément trente-six grammairiens antérieurs, sur lesquels ils s'appuient ou qu'ils réfutent ; ils citent aussi des écoles entières, pour les suivre ou pour les combattre. Jusqu'à présent, aucun de ces ouvrages n'a été publié, malgré l'intérêt qu'ils offrent, et malgré l'utilité dont ils seraient pour l'interprétation du Véda. Mais M. Roth, qui serait si bien placé pour nous les faire connaître, puisque c'est lui qui les a découverts, a donné les deux petits traités du *Nighantou* et du *Niroukta*, qui peuvent à certains égards, en tenir lieu jusqu'à nouvel ordre, et qui nous reportent également à des temps très-reculés dans l'exégèse indienne.

Le grammairien Yâska, qui florissait au Ve siècle avant l'ère chrétienne, est l'auteur du *Niroukta*, commentaire

(1) M. Roth, *Zur Litteratur*, p. 16 et 20. M. Albrecht Weber conteste ces dates que soutient M. Böthling, l'éditeur de *Pânini*, *Acad. Vorles*, p. 201.

(2) *Idem*, préface au *Nighantou*, p. 44.

du *Nighantou*, dont il est peut-être aussi l'auteur. Le *Nighantou* est un dictionnaire védique, ou plus exactement un dictionnaire de la Samhitâ du *Rig-Véda;* mais il ne renferme pas tous les mots de la Samhitâ; il ne donne que des mots d'une certaine classe et d'une même famille en quelque sorte, les plus obscurs et les moins usités dans le sanscrit ordinaire; c'est un catalogue de synonymes pour les noms divers des dieux, de la terre, de l'air et du ciel. Il n'est pas rangé par ordre alphabétique. Il est divisé en cinq lectures de longueur inégale; et à la fin de chaque section, Yâska prend le soin d'indiquer exactement le nombre de mots qu'elle renferme, sans doute pour éviter les interpolations, à l'exemple des Samhitâs elles-mêmes. L'ensemble du *Nighantou* n'a pas plus d'une trentaine de pages.

Le *Niroukta*, qui le commente, en citant les textes védiques qu'il explique, est encore très-peu considérable, quoiqu'il le soit cinq ou six fois plus que lui. Il est divisé en quatorze lectures, qui se répartissent en trois sections principales. Le *Niroukta*, comme les prâtiçâkhyasoûtrani, nomment quelques-uns des grammairiens qui l'ont précédé; et leur nombre ne s'élève pas à moins de 17. L'une de ces citations, rapportée par M. Roth (1), prouve que la polémique entre les çâkhâs ou écoles védiques, allait assez loin, et que, dès cette époque, les esprits se donnaient toute carrière même contre le livre divin. Un grammairien réfuté par Yâska, et nommé Kaoutsa, prétendait que les Védas renfermaient beaucoup de passages absolument inintelligibles et absurdes, que la grammaire ne pouvait expliquer non plus que la raison. Kaoutsa, qui

(1) M. R. Roth, *Zur Litteratur*, etc., p. 21.

traitait si mal l'écriture sainte, ne se montrait pas plus favorable pour ses commentaires ; et il rejetait avec un égal dédain les explications données par les Brâhmanas, non moins obscurs et non moins faux que ce qu'ils essayaient d'éclaircir. Je crois que les lecteurs européens seront souvent de l'avis de Kaoutsa ; mais cette protestation du bon sens n'est-elle pas bien remarquable? et n'atteste-t-elle pas tout à la fois et la superstition aveugle qu'elle combat, et la tolérance qui lui permet de se produire? Autant qu'on en peut juger, le temps de Kaoutsa correspond à peu près à celui de Kapila, le fondateur du Sânkhya, non moins indépendant en face de l'Ecriture, s'il est un peu plus respectueux envers elle.

Ainsi voilà, dès le VIe ou le VIIe siècle avant notre ère, des travaux considérables de grammaire, qui ont succédé à des travaux non moins considérables de liturgie et de symbolique religieuse. Or, comme la philologie n'étudie apparemment que ce que ne comprend plus le vulgaire, on peut conclure que dès ce temps le Véda, sous sa forme propre, n'est plus communément intelligible, et qu'il faut les efforts de la science la plus attentive et la plus éclairée pour en démêler et en conserver le sens vrai. On en est déjà réduit à faire des recueils de mots qu'on n'entend plus. A quelle époque inaccessible remontent donc les Védas eux-mêmes? Quand donc vivaient ces grands rishis qui nous ont laissé les hymnes composés par eux, et qui nous parlent eux-mêmes de ces autres rishis bien plus anciens encore qui les ont précédés, et dont les chants primitifs ont inspiré les leurs?

Je ne prétends pas pénétrer plus avant dans ces obscurités où les rishis eux-mêmes n'osèrent pas s'avancer ; mais, en réunissant tous les témoignages de l'astronomie, de l'histoire, de la philologie et même de la poésie sainte, je me dis que si William Jones et Colebrooke n'ont fait que des conjectures, ils ont du moins deviné assez juste, et que la date assignée par eux à la composition des hymnes védiques, si elle pèche, ne pèche pas par excès.

VI.

DE LA RELIGION ET DE LA POÉSIE DES VÉDAS.

Maintenant que l'on connaît les Védas dans leur grandeur et dans leur faiblesse, maintenant que l'on sait qu'ils doivent compter parmi les plus anciens monuments écrits de cette civilisation qui, partie des plateaux de la haute Asie, est arrivée jusqu'à nous à travers tant de vicissitudes, on peut se demander quelle est la valeur de ces monuments. Quelle place doivent-ils tenir dans les annales de l'esprit humain? Que lui ont-ils donné et que lui gardent-ils encore?

Mais, je le répète, quand je parle des Védas, je ne parle que des Samhitâs proprement dites; je laisse de côté les Oupanishads, toutes curieuses qu'elles sont, et les Brâhmanas, tout anciens, tout sacrés qu'ils peuvent être aux yeux de l'orthodoxie.

J'ai rendu justice, comme on l'a vu, à la poésie védique et aux beautés d'un certain ordre qu'elle renferme; elles m'ont paru, dans leur genre, valoir tout ce qui a été fait d'analogue par les autres peuples. J'ai ajouté que l'habileté du rhythme était poussée aussi loin qu'elle peut l'être, et que les vers de certains hymnes n'avaient d'égaux sous ce rapport que ceux de Pindare, d'Eschyle, de Sophocle ou d'Horace. Je n'ai donc pas ménagé l'éloge; mais je ne voudrais point non plus cacher les défauts, et je les signalerai avec autant de franchise et d'impartialité.

Le premier, c'est la monotonie; mais j'y insiste peu,

et l'on sent bien pourquoi. Les rishis qui ont composé ces chants divins n'ont jamais pensé qu'un jour leurs inspirations seraient recueillies en corps d'ouvrages ; leur enthousiasme leur a soufflé un à un ces transports grandioses et naïfs ; ils y ont obéi dans toute la sincérité d'une émotion qu'ils ne calculaient point en vue de la postérité. En face de la nature et du spectacle qui les frappe d'admiration, sous l'empire des traditions religieuses qu'ils subissent, tout en les fondant parfois eux-mêmes, leur lyre ne change point d'accent; elle n'a qu'une seule corde, parce qu'un sentiment unique les anime ; mais cette uniformité, qui nous fatigue et qui nous repousse, aux yeux d'un juge équitable serait plutôt un mérite. Il s'est trouvé des centaines de poètes, pendant une longue suite de générations, pour répéter toujours sur le même ton, sans que leur voix baissât ou s'obscurcît, les croyances de tout un peuple innombrable. Ils ont varié à l'infini, sans se communiquer ni s'entendre, les formes d'une seule et même idée, née sans doute avant eux, qu'ils ont agrandie en la fixant, et qu'ils devaient rendre éternelle.

Je comprends donc cette monotonie des hymnes védiques ; et plus indulgent, je suppose, que bien des lecteurs européens, je serais presque tenté d'en faire un éloge pour les rishis indiens.

Mais à cette poésie, malgré ses beautés éclatantes, il manque quelque chose de plus rare : c'est la vraie beauté. Je ne joue pas sur les mots, et je tiens à me faire bien comprendre. Il peut y avoir dans une œuvre de très-grandes beautés de détail, sans que cette œuvre soit réellement belle. Ce qui fait la vraie beauté, c'est l'accord et la juste proportion de toutes les parties ; c'est l'unité de l'ensemble qui en est la première et suprême loi. Sans cette unité, l'œuvre est imparfaite ; et, malgré tous ses mérites partiels, elle ne peut remporter ce prix inestimable de la beauté, si rarement trouvée, même par les plus grands artistes, que le peuple grec a sentie à toutes les époques de son existence, et que l'Inde n'a jamais connue. L'arrêt est sévère, sans doute; mais je le crois juste. Que l'on prenne les uns après les autres tous les hymnes, et qu'on m'en montre un seul où cette loi de l'unité ait été comprise et observée. Parmi ceux que j'ai cités en les choisissant, il n'en est pas un qui puisse résister à cette épreuve; les plus beaux, dans ce choix même, paraîtront encore défectueux, si on les juge à ce point de vue, qui est le vrai, parce qu'il est le plus élevé. Pour ma part, je ne puis faire la moindre exception. Pas un seul de ces hymnes n'atteste le sentiment réel de la composition. Je ne demande pas aux rishis de travailler comme des rhéteurs de profession, bien que la perfection consommée de leurs rhythmes révèle une longue et savante étude; mais je m'étonne que, même en s'abandonnant à leur enthousiasme, ils n'aient jamais rencontré cette forme achevée et complète de composition, sans laquelle toute œuvre d'esprit court risque de ne pas atteindre son but et de rester impuissante. L'harmonie du vers est beaucoup, je le reconnais; mais elle est bien moins essentielle encore que cette harmonie de la pensée qui donne aux choses qu'elle exprime, la liaison et le juste développement qu'elles doivent avoir pour produire tout l'effet qu'on en désire. Sans cet équilibre profond, dont les règles apprennent à sentir la valeur, mais que les grands poètes ont trouvé sans les règles, l'œuvre est manquée; et elle n'offre tout au plus que des fragments magnifiques.

Cette critique, à laquelle j'attache la plus grande importance, tomberait d'elle-même, si tous ces hymnes n'étaient, en réalité, que des fragments comme ceux du

Sâma-Véda et du Yadjoush ; mais on a pu se convaincre, par mes citations mêmes, que les hymnes du *Rig-Véda* ont la prétention d'être des œuvres entières et complètes. S'ils n'en sont pas, du moins à mon sens, c'est qu'ils y ont échoué. La tentative a été faite, mais elle n'a point réussi.

Du reste, cette absence de composition, ou plutôt cette impuissance à composer, n'est pas un défaut spécial aux rishis, auteurs des hymnes ; aux brahmanes, auteurs des Brâhmanas et des Oupanishads ; c'est le défaut général et incurable du génie indien, sous quelque aspect qu'on le considère. Ce n'est que très-tard, et pour les besoins de l'enseignement dans le sein de l'école, que l'on est arrivé à produire des œuvres régulières, fort utiles sans doute, mais qui ne comptent pas dans le grand héritage intellectuel qu'il a transmis au monde. Ce défaut si grave, qui nous frappe dans les hymnes du *Rig-Véda*, se reproduit d'une façon peut-être encore plus fâcheuse dans le Râmâyana et dans le Mahâbhârata, les deux grands poëmes épiques, qu'on a voulu quelquefois comparer si vainement à l'Iliade et à l'Odyssée. Il est poussé bien plus loin encore dans les Pourânas, ces Védas du peuple. En un mot, il éclate et nous choque dans toutes les œuvres indiennes, quelles qu'elles soient. Elles en sont toutes entachées à un degré moindre ou plus grand ; mais il n'en est pas une qui en soit exempte. Le Bouddhisme, qui devait apporter la réforme, est descendu plus bas encore : et rien n'égale la diffusion, la fadeur, le dégoût des œuvres bouddhiques ; les vices qui déparaient l'esprit indien dès son berceau ont été accrus par le prétendu réformateur dans une proportion aussi monstrueuse que peut l'être sa doctrine elle-même. Nulle part l'axiome de Boileau n'eut une application ni plus vraie ni plus large. L'Inde n'a jamais su écrire, parce qu'elle n'a jamais su se borner.

C'est là aussi, je crois, ce qui fait que l'art ne s'y est pas développé. L'Inde n'a ni sculpture, ni architecture, ni peinture; elle n'a pas davantage de musique, ou du moins les œuvres qu'elle a produites en ces genres divers ne méritent pas les regards ni la critique de l'histoire. Dans la sculpture, destinée à représenter des formes que la nature nous offre si souvent avec la perfection qui brille en elle, le défaut de composition est bien plus saillant que dans tout autre art. C'est là surtout que règne souverainement la loi de l'unité, et si quelques parties de l'œuvre n'ont pas de justes proportions avec l'ensemble, notre œil y est instinctivement blessé, comme notre oreille l'est dans un chant par une note fausse. On en peut dire autant de la peinture, et à un autre point de vue, de l'architecture et même de la musique. L'Inde n'a rien pu faire de grand dans l'art, par la même raison qui rend les plus beaux hymnes du *Rig-Véda* encore si incomplets. C'est que la science, ou, si l'on veut, l'heureux don de la composition, tient aux facultés les plus hautes de l'intelligence; et ces facultés-là, le génie indien, si bien doué à tant d'autres égards, ne les a jamais eues.

Un autre défaut de la poésie védique, c'est la subtilité. Enfermée dans un cercle d'idées assez étroit, occupée presque tout entière à célébrer trois ou quatre dieux principaux, elle s'est épuisée en raffinements trop souvent de mauvais goût pour varier un thème qui ne changeait pas. On peut voir tout ce que la description du Feu sacré a fourni d'allégories, d'images, d'expressions fausses à la verve intarissable des rishis. Les moindres détails que l'œil le plus attentif peut observer dans le jeu naturel de la flamme, quand le vent l'anime, ont été mille fois analysés par eux; et les métaphores qu'ils en ont tirées, entées les unes sur les autres, ont fini par devenir de véritables énigmes, d'autant plus respectées peut-être qu'elles étaient plus obscures, mais qui sont à peu près indéchiffrables. Ce n'est pas nous seulement qui nous égarons dans ces ténèbres sans fin. La religion brâhmanique elle-même a senti le besoin d'y porter la lumière; et de cet amas inextricable d'allusions mythologiques, qui étouffent le sens réel du *Rig-Véda*, elle a extrait le Sâman, dont les chants n'ont conservé des hymnes primitifs que ce qu'ils ont de plus clair et de plus directement applicable à la cérémonie sainte.

On peut encore reprocher à la poésie védique le caractère étrange, indéterminé, fantastique, de la mythologie indienne. Sans doute les rishis ont reçu des peuples auxquels ils s'adressaient des traditions toutes faites, qui se perdaient dans l'origine des temps, et qui étaient trop saintes pour qu'on pût les altérer; mais comme ce sont les rishis qui par leurs hymnes ont donné une forme à ces traditions, flottantes jusque-là dans la mémoire du vulgaire, et qui les ont immortalisées, ils auraient pu mieux choisir, et, si un goût plus sûr les eût guidés, il est beaucoup de ces traditions qu'ils auraient laissé périr, parce qu'elles ne valaient pas la peine d'être consacrées. Homère, grâce à son propre génie, a plus fait pour la Grèce, dans des poèmes qui n'étaient pas religieux, que les rishis n'ont fait pour l'Inde dans leurs chants révélés par Brahma lui-même. Ils n'ont pas su donner à leurs dieux, qu'ils façonnaient tout au moins, s'ils ne les créaient pas, une physionomie assez distincte, assez arrêtée, assez humaine, pour que leur propre inspiration pût s'y prendre comme à des êtres réels. Ils ont beaucoup trop cédé à la superstition populaire; et par un juste retour, cette faiblesse, dont ils pouvaient cependant avoir conscience, a dégradé leur poésie. Que de choses gracieuses, délicates et profondès même, la mythologie, épurée par les poètes grecs, ne leur a-t-elle pas fournies! Les rishis au contraire n'ont rien tiré de la leur qui puisse la recommander et la faire vivre dans les souvenirs de l'humanité. Ces dieux, qu'invente une imagination déréglée et trop souvent en délire, dont elle multiplie, sans la moindre vraisemblance, les aventures les plus bizarres et les plus impossibles, sont trop loin de l'homme pour l'inspirer; ils lui ressemblent trop peu pour provoquer son amour ni même son respect; et le lointain insaisissable dans lequel on les relègue, n'en augmente ni la majesté ni même la puissance.

La mythologie indienne, bien qu'elle soit la source de la mythologie grecque, lui est très-inférieure; et la fille a été, en ceci comme en tant d'autres choses, cent fois plus belle que sa mère.

Non pas que je croie que la mythologie grecque fût capable de créer un culte bien sérieux, ni qu'elle s'adressât bien intimement à l'âme humaine; mais du moins, à côté de ces divinités où elle personnifiait les forces toutes puissantes et matérielles de la nature, elle en imaginait d'autres qui représentaient les facultés morales de l'homme les plus nobles et les plus fécondes. Saturne, Jupiter, Neptune, Thétis ne lui ont point fait oublier Minerve, Apollon, les Muses et leur cortége aimable. Le génie indien qui, selon toute apparence, songea le premier à personnifier les forces naturelles, s'est arrêté à moitié chemin dans cette voie. Frappé des phénomènes et des puissances extérieures, il n'a pas su voir dans l'homme lui-même des puissances bien autrement belles et bien autrement adorables. Obéissant à une sorte d'instinct puéril, il n'a compris et admiré que le dehors; et il a méconnu l'intelligence, comme si elle aussi ne faisait pas partie des merveilles et des grandeurs de la nature. De là, je ne crains pas de l'affirmer, les conséquences les plus graves et les plus désastreuses pour toutes les destinées intellectuelles et morales du peuple indien. La religion brahmanique n'a pu se relever de cette première chute, et les efforts qu'elle a faits plus tard pour tenter une nouvelle voie n'ont pu que la plonger encore davantage dans l'abîme. C'est à la poésie des rishis que je rapporte les germes du mal que rien n'a pu guérir, et que très-probablement rien ne guérira jamais. Tandis que d'Homère et de la mythologie grecque sortaient, après cinq ou six siècles, Socrate et Platon, il n'est sorti des hymnes védiques que le brahmanisme et Kapila, suivis de la doctrine bouddhique ; et tandis que l'esprit indien n'a jamais connu la morale proprement dite, tout métaphysicien qu'il est, la Grèce a produit cette morale admirable à laquelle le christianisme est venu donner la sanction même de Dieu.

Un dernier reproche que j'adresserai à la poésie des Védas, c'est précisément ce qu'on loue parfois en elle, d'avoir essayé de faire de la métaphysique. Cet exemple a été fatal, et comme il a été très-suivi, il en est résulté que dans l'Inde la métaphysique et la poésie se sont trop souvent confondues, au grand détriment de toutes deux. Dans des hymnes faits uniquement pour célébrer les dieux, on traite des questions qui demandent des formes tout autres que celles de la poésie, de la réflexion au lieu de l'enthousiasme, les études et les analyses les plus profondes au lieu de l'inspiration ; et l'on s'accoutume à mêler ainsi les choses les plus diverses et à les obscurcir l'une par l'autre. Il est vrai qu'on arrive plus tard à produire la Bhâgavad-Guitâ ; mais la Bhâgavad-Guitâ, toute grande qu'elle peut être, n'est encore qu'une erreur ; et si, au moment d'une bataille, un héros peut, dans un poème épique, exprimer quelques pensées douloureuses sur l'instabilité des choses humaines, il est insensé qu'il choisisse ce moment pour exposer tout un système de métaphysique; il est bien moins raisonnable encore qu'un épisode de ce genre se développe en treize ou quatorze cents vers, même dans une preuve gigantesque, comme le Mahâbhârata, qui en compte deux cent mille. Je ne crois pas que la philosophie gagne beaucoup à cette singulière digression. Je crois que la poésie y gagne bien moins encore. Elle sort de son domaine, et ses pas sont bien peu sûrs dans celui où elle entre par une usurpation que ses inspirations les plus hautes ne justifient pas. Si le poète veut devenir métaphysicien, qu'il prenne le langage de la métaphysique. Ce langage est plus difficile encore que celui des vers; ou si c'est par impuissance qu'il a recours à la forme de la poésie, alors il mérite assez peu que le genre humain l'écoute et le suive. Je trouve Homère bien plus sage et bien plus poétique à la fois, quand trois ou quatre vers lui suffisent dans le dialogue de Glaucus et de Diomède pour exprimer un sentiment à peu près pareil à celui d'Ardjouna (*Iliade*, chant VI, vers 146 et suivants). La muse grecque, dans sa réserve, a compris ce qu'exigeait le goût; et elle s'est bien gardée de se perdre dans une dissertation. Elle a connu les vraies limites de la poésie, et ne les a pas franchies.

Je ne sais si c'est ce fâcheux mélange de la poésie et de la métaphysique, qui a empêché cette dernière science de prendre jamais dans l'Inde la forme qui lui appartient en propre; mais il est certain qu'elle n'a jamais su l'atteindre. Elle l'a toujours manquée, soit dans le brahmanisme, soit dans le bouddhisme, quoique le génie indien, incessamment préoccupé des plus grands problèmes qui sollicitent l'intelligence humaine, soit essentiellement métaphysique. Il a produit les Oupanishads, dont quelques-unes sont bien belles ; mais il est toujours resté dans une sorte d'enfance, et il n'a jamais accompli ces œuvres vraiment viriles qui, dans la Grèce, se sont appelées la Théorie des Idées, ou la Métaphysique d'Aristote.

De la poésie des Védas, je passe à la religion qu'ils ont fondée, et dont ils renferment tous les germes, si ce n'est encore tous les développements.

La religion, telle qu'elle se présente dans les Samhitâs, n'est pas autre chose que le culte de la nature : le feu, le ciel, l'air, le soleil, l'eau, la terre, l'aurore, les rivières, sont les divinités qu'on invoque le plus ordinairement. On divinise même les instruments du sacrifice, et toute une partie du *Rig-Véda* est consacrée au Soma, c'est-à-dire à la liqueur qu'on extrait du jus des plantes saintes pressées dans le mortier symbolique, et dont on fait des libations aux dieux. En général, les hymnes ne vont pas au-delà, et la piété ardente et sincère qu'ils attestent n'a pas pu s'élever à des notions plus hautes. L'homme se prosterne devant ces puissances dont il a senti mille fois les effets bienfaisants ou terribles, et tout ce qu'il semble leur demander c'est de le laisser vivre. Ce qu'il attend d'elle, avant tout, c'est l'abondance des fruits destinés à le nourrir ; et cette préoccupation toute matérielle est à peu près la seule qui se trahisse dans ces prières, dont la forme est parfois sublime, mais dont la pensée reste au fond toujours la même, étroite et intéressée. L'homme s'ignore si complètement lui-même, qu'il ne paraît pas se douter qu'il vaut mieux à lui seul que toute cette nature devant laquelle il s'anéantit. Il n'a point conscience de ce qu'il est, et il ne cherche point à se connaître. Sa valeur morale tout entière lui échappe ; il ne la sent pas, et elle ne lui inspire ni dignité, ni courage. Sous le coup des besoins qui assiégent son corps, et qui se renouvellent sans cesse, il songe exclusivement à les satisfaire ; et ses prières ont quelque chose d'humble et de bas comme celles d'un esclave affamé. C'est la crainte qui le lui dicte ; et même quand il exprime sa juste reconnaissance, sa voix paraît trembler encore de terreur.

L'idée qu'il se fait alors des dieux n'est guère plus relevée que celle qu'il se fait de lui-même. Il se les représente animés des mêmes passions que lui, obéissant aux mêmes instincts, accessibles aux mêmes convoitises. Les dieux du Véda ne pensent qu'à tuer leurs ennemis, et à se jeter sur les offrandes que les hommes leur apprêtent. Ils viennent dévorer les mets qu'on leur a préparés, et boire à longs traits la liqueur sainte. Le prêtre les invite, par des supplications répétées, à se rendre au festin disposé pour eux ; et la faveur la plus signalée qu'il en espère, c'est qu'ils accepteront l'invitation qu'il leur adresse. C'est comme un échange de bons offices et un commerce. L'homme nourrit les dieux pour être à son tour nourri par la richesse qu'ils lui envoient. Ils descendent à la table du mortel opulent qui les invoque ; et ils paient, par leur protection, sa réception hospitalière plutôt qu'ils ne récompensent sa piété. Quant à la vertu, il en est à peine question de loin à loin ; et nul parmi les hommes ni parmi les dieux n'en paraît connaître le prix et la toute-puissante efficacité. La piété se réduit à des offrandes, à des présents, que plus tard la cupidité des Brahmanes saura partager avec les dieux ; mais la pureté de l'âme, les mérites et les trésors du cœur, les adorations désintéressées de l'intelligence, ne sont pas des holocaustes qu'on puisse offrir à ces divinités, qui ne les comprendraient pas.

Il n'y a donc entre les dieux et l'homme aucun lien moral, et l'on peut dire que la seule base véritable de la religion a été presque complètement ignorée des rishis. Quelquefois ils semblent l'avoir entrevue, et l'on dirait qu'ils vont quitter les sentiers où ils s'égarent pour prendre une voie meilleure et plus haute. Mais ce ne sont que des lueurs passagères, et les ténèbres dans lesquelles ils retombent n'en deviennent que plus épaisses. Ce qui leur manque, c'est de connaître la vraie grandeur de l'homme, et par suite ils ignorent la vraie grandeur de Dieu. La personnalité humaine avec ses plus nobles attributs est effacée; la personnalité divine restera tout aussi obscure, et le Dieu unique que, par hasard, ils sembleront adorer, ne sera réellement que cette âme du monde, cet esprit universel des choses devant qui l'homme, pénétré de toute sa faiblesse, peut bien s'agenouiller; mais dont il ne peut ni révérer ni aimer les impénétrables desseins, puisqu'ils ne s'étendent pas jusqu'à lui.

De la religion ainsi conçue sont sorties deux conséquences fatales qui, de tout temps, ont pesé sur l'Inde, et qui, problablement, ne cesseront jamais de peser sur elle. C'est d'abord l'asservissement politique. Dans ces immenses contrées, pendant des siècles innombrables, chez des peuples intelligents et doux, au milieu d'une civilisation très-avancée, la liberté n'a pas jeté un seul éclair, et il est douteux que jamais elle y brille, même sous les auspices et les provocations d'une civilisation meilleure. C'est ensuite la superstition, que le temps n'a fait qu'accroître, loin de la diminuer, et qui, de degrés en degrés, est descendue jusqu'au plus incurable abrutissement. Quand l'homme, dans ses croyances les plus chères, méconnaît à ce point sa propre nature et ses rapports au Créateur, il est tout simple qu'il méconnaisse de même les rapports qui doivent l'unir à ses semblables; il ne respecte, ni en lui ni dans les autres une personne morale qu'il n'a jamais comprise; et il est prêt à la livrer aux despotes de ce monde comme il la livre aux dieux implacables qu'il s'est forgés. La religion n'a pas tenu compte de la dignité humaine ; la société la foulera également aux pieds ; et plus tard, elle viendra sanctionner de tout son pouvoir le régime des castes, que trois mille ans de durée n'ont pu ni ébranler, ni perfectionner. D'une autre part, comme on a tout donné dans le culte divin à l'intérêt et à la peur, de ces deux sentiments, aidés par une imagination féconde et puissante, le vulgaire tirera les idées les plus basses et les plus extravagantes. Herder ne veut pas qu'on attribue aux brahmanes ce vice déplorable de l'esprit indien ; dans la haute estime qu'il a conçue pour leur sagesse, sur la foi de l'antiquité, il les exalte et craint de les accuser d'une faute aussi grave (1). Ce sont eux cependant qui sont les vrais coupables ; ils pouvaient étouffer dans l'origine les germes mauvais que leur transmettaient les Védas, et ils en pouvaient emprunter une doctrine plus sensée et plus sainte. Dans les hymnes, même dans ceux de l'Atharvana, la superstition est peu développée encore et il eût été facile d'en empêcher le progrès, en s'appuyant sur d'autres croyances qu'on trouvait à côté d'elle dans la poésie védique. Mais les brahmanes ont partagé les erreurs populaires au lieu de les prévenir. Dans la poésie des rishis, ils ont choisi ce qu'elle renfermait de moins sage et de moins bon, et ils ont laissé périr les étincelles assez nombreuses qui les auraient conduits à une lumière plus pure.

J'ai déjà fait remarquer plus haut que le dogme de la transmigration ne se trouve pas dans les Védas ; il serait donc injuste de leur reprocher la désastreuse influence

(1) Herder, *Idées sur la philosophie de l'histoire,* traduction française de M. Ed. Quinet, t. II, p. 326.

que ce dogme monstrueux a exercée sur les peuples de l'Inde. Ce sont les brahmanes qui l'ont inventé par une interprétation exagérée et fausse des livres saints; et aux yeux de l'humanité, ils doivent être seuls responsables de tout le mal qu'il a fait et qu'il fait encore, propagé par le bouddhisme, qui l'aggrave loin de le corriger. Il ne faudrait pas non plus attribuer aux Védas les aberrations et les folies dont l'yoguisme sous toutes les formes a donné le honteux spectacle. Il n'y a rien de pareil dans les Samhitâs, ou plutôt on n'en trouve de trace que dans celle de l'Atharvana la plus récente et la moins authentique. Les auteurs des Brâhmanas, et surtout ceux des Oupanishads, ont pu n'être pas plus sages que Patandjali; mais les Mantras eux-mêmes n'ont jamais recommandé l'extase comme un moyen de s'unir à Dieu et d'acquérir des pouvoirs surhumains. La doctrine de l'extase est un fruit qui appartient exclusivement au brahmanisme dans ses plus beaux temps; et cette misérable pratique, que la religion primitive n'inspirait pas, est devenue dans l'Inde le signe le plus ordinaire et le plus certain de la piété. La religion et la philosophie ont rivalisé pour en faire un de leurs préceptes les plus chers et les plus indispensables, réalisant dès cette existence terrestre l'état d'anéantissement qu'on prenait pour la béatitude éternelle.

Il faut ajouter, pour être juste, que si les Védas ne parlent pas de la transmigration, ils se taisent également sur la vie future. S'il est un côté par où se rachète le brahmanisme au milieu de tant d'erreurs, c'est sa préoccupation incessante de la vie qui doit suivre celle-ci. Sans doute, il résout très-mal le problème, et l'idée qu'il se fait en général de la libération est inacceptable à la conscience humaine. Mais enfin il ne se lasse pas d'agiter cette grande question, qui pose perpétuellement devant lui et qu'il ne peut écarter. Il n'y a pas trace de cette sollicitude, tourment et grandeur de l'homme, dans le Véda. Tout semble renfermé dans ce monde. L'homme adore les dieux pour que les dieux le fassent vivre matériellement ici-bas; et son existence n'a pas plus de suite au-delà de cette terre que celle des êtres les plus vils dont il est entouré et dont il ne se distingue point. Il n'a pas de destinée morale pendant qu'il vit; il en a bien moins encore, s'il est possible, après qu'il a cessé de vivre. Le Véda ne connaît pas l'âme humaine, et à plus forte raison ne connaît-il pas son immortalité.

L'on voit donc en quelle estime on doit tenir la religion védique. Évidemment, il faut beaucoup rabattre de cette haute réputation de savoir supérieur que l'antiquité faisait aux brahmanes; l'Inde ne doit plus nous apparaître, maintenant que nous commençons à la comprendre mieux, avec cette auréole dont elle est restée jusqu'à ces derniers temps toujours entourée. Ce n'étaient pas seulement les Grecs et les Latins qui nous en avaient transmis l'éloge. Les Pères de l'Église s'étaient associés à cette admiration, que devaient partager plus tard les historiens de la philosophie. Le XVIIIe siècle lui-même était tombé dans l'erreur commune; et si Voltaire se moquait du Véda sans le connaître, il n'en donnait pas moins les anciens livres de la religion brahmanique pour la source de toute sagesse et de toute lumière. Anquetil-Duperron, dans son enthousiasme, allait aussi loin, et sa foi sincère s'exprimait à peu près dans les mêmes termes que l'incrédulité de Voltaire. Les premiers travaux des philologues confirmaient l'opinion reçue, et l'on peut voir dans William Jones, dans Wilkins et dans bien d'autres, à la fin du dernier siècle, tout le cas qu'ils font des ouvrages qu'ils découvrent et qu'ils publient. Sans doute, ces ouvrages méritent les labeurs dont ils sont l'objet, et la philologie de nos jours a bien fait de ne pas écouter les conseils un peu décourageants qu'on lui a quelquefois donnés. Mais il ne doit y avoir, aujourd'hui, personne qui croie encore trouver dans les livres religieux et philosophiques de l'Inde les trésors de sagesse qu'on y avait si gratuitement supposés. Les nations chrétiennes n'ont point à y puiser, et il faudrait qu'elles méconnussent bien profondément la vérité et la grandeur de leurs propres croyances pour s'imaginer qu'elles ont à s'instruire à cette école.

Mais si la foi du genre humain n'a rien à gagner dans ces études, l'histoire y peut faire un immense profit, et c'est là surtout ce qui doit les recommander à nos yeux.

Ou bien toutes les données sur lesquelles ces études reposent, avec toutes leurs conséquences, sont fausses ; ou bien il faut admettre que l'Inde est antérieure à la Grèce, à qui elle a donné sa langue et sa mythologie. Dès lors, la religion védique doit se montrer à nous au-delà des traditions helléniques, qui remontent à trois mille ans déjà, comme un premier degré où s'est arrêté l'esprit humain, avant de monter à ce degré plus haut qui est le paganisme grec, capable de recevoir plus tard la religion chrétienne et de s'y convertir. Le culte de la nature, considéré à ce point de vue, prend une importance que ne diminuent point ses erreurs. C'est le début de l'intelligence humaine ; et avant qu'elle ne s'élève à des notions supérieures et plus justes, c'est le premier pas qu'elle fait pour comprendre Dieu, qu'elle ne peut connaître encore en esprit et en vérité. Je ne veux, certes, pas dire que l'Inde ait transmis à la Grèce sa religion de la même manière que la Grèce nous a transmis sa littérature, ses idées et ses arts ; l'histoire n'est point arrivée et n'arrivera peut-être jamais à tant de précision pour ces temps reculés et obscurs. Mais si elle ne peut rattacher tous les anneaux de cette vaste chaîne qui forme la civilisation, elle peut dire au moins avec certitude où cette chaîne commence. L'Inde est la phase originelle, elle est le berceau, et ce ne serait pas suffisamment apprécier les choses que de s'étonner de ses bégaiements. L'enfance ne peut avoir la raison, privilége d'un âge plus mûr; il suffit qu'elle ait les germes de tout ce qui doit un jour se développer et grandir. Or ces germes, on ne peut le nier, sont dans l'Inde avec une abondance et une fécondité prodigieuses. Toutes ces méditations sur l'Être infini, sur cet esprit qui fait vivre l'univers après l'avoir créé, quelque imparfaites qu'elles nous semblent, sont les symptômes d'un avenir meilleur. Si l'Inde, qui la première a tenté cette voie, s'y est égarée, ses héritiers, instruits par elle, sauront s'y mieux diriger, et, après de longs siècles d'efforts et de recherches, la lumière jaillira quelque jour pour ne plus s'éteindre.

Je crois donc qu'on doit avoir encore plus de curiosité que de dédain pour les Védas, et même pour les Brâhmanas et les Oupanishads, malgré leurs rêveries et leurs aberrations. Ils n'y a pas de peuple qui se vantât, à bon droit, que ses livres saints puissent toujours satisfaire également le goût, la science et la raison; et il n'y en a pas qui ne doive ressentir pour des défauts qu'il a lui-même une certaine indulgence. Il en faut beaucoup pour l'Inde, j'en conviens; mais elle apporte assez dans l'héritage commun pour que l'on puisse éprouver envers elle quelque chose de ce respect qu'on porte à la caducité de ses parents. Je laisse de côté les beautés poétiques, qui sont incontestables et qui frapperont tous les gens impartiaux; mais l'on doit reconnaître que ces spéculations, même les plus absurdes, sont déjà dans la route que l'esprit humain a conservée en l'améliorant. La pensée indienne, malgré tant de différences, est l'aïeule de la pensée grecque et de la nôtre ; et c'est être simplement équitable et vrai en les faisant tous les trois de la même famille. L'honneur est grand, sans doute, pour l'Inde ; mais si l'on veut la comparer à tout ce qui l'entoure, on se convaincra que cet éloge est mérité et qu'il n'a rien de faux. Quels rapports intellectuels pourrait-on découvrir entre nous et les peuples qui habitent le nord de l'Asie, Thibétains, Mongols, Tartares, etc.? L'esprit chinois se rapproche-t-il davantage du nôtre? L'esprit sémitique lui-même, à qui nous devons notre religion, et avec elle tant d'idées et de croyances morales, ne se rattache-t-il pas aussi à l'Inde par l'intermédiaire de la Perse et du magisme de Zoroastre? L'Inde a donc les mêmes tendances, les mêmes besoins que nous ; elle les a satisfaits autrement, mais c'est en ouvrant la carrière que nous avons suivie après elle, et sans le savoir, sur ses pas.

Par un bonheur en quelque sorte providentiel, cette première assise de l'intelligence humaine s'est conservée tout entière. Comme je l'ai déjà dit, les Védas, avec les Brâhmanas et les Oupanishads, et tout le cortége littéraire qui les accompagne, se sont transmis presque sans lacunes jusqu'à nous. La Grèce a perdu tous les monuments de ses premiers âges, dont elle n'a pas même toujours gardé le souvenir ; le christianisme, quoique venu plus tard, a perdu aussi quelques-uns des siens. L'Inde a su garder son trésor complet, et elle l'offre à nos investigations et à notre critique. Cette immobilité même, qu'on lui a si souvent reprochée, lui aura du moins servi à défendre contre le temps, qu'elle brave, les titres précieux que tant d'autres peuples ont égarés. Nous possédons tout, depuis les Mantras jusqu'aux traités les plus minutieux sur les règles de la grammaire védique ; et quand nous aurons exploré l'ensemble de ces nombreux matériaux, nous pourrons prononcer en pleine connaissance de cause ; mais le jugement qui, plus tard, interviendra, ne changera pas essentiellement celui que nous pouvons déjà porter à cette heure. L'Inde mérite toute notre curiosité et tous les travaux que l'érudition lui consacrera. On a recherché jusque dans les peuplades les plus sauvages les premiers linéaments de la civilisation humaine, et l'on a donné à ces observations si incertaines et si souvent infructueuses des soins persévérants que le succès n'a pas toujours récompensés. Quel domaine plus assuré et plus vaste la philologie n'a-t-elle pas devant elle en étudiant l'Inde et tous les monuments qu'elle a produits? C'est là qu'est la source véritable de notre civilisation, qui n'en est pas venue tout entière, sans doute, et qui s'est accrue de bien d'autres courants ; mais qui, sur la route infaillible des langues que nous parlons, ne peut remonter ni ailleurs, ni au-delà, quand elle veut connaître ses vraies origines.

On ne saurait donc avoir trop d'estime et d'encouragement pour les recherches encore si pénibles qui nous initient, comme celles de MM. Langlois, Max Muller, Wilson, Albrecht Weber et Benfey, à cette connaissance difficile autant que précieuse. C'est grâce à eux que j'ai pu donner une idée exacte des Védas ; et quoi qu'en ait auguré Colebrooke, au moment même où il nous découvrait le premier ces richesses inconnues, je ne me repens pas de la peine que j'ai prise pour ma faible part, heureux si les les lecteurs qui ont eu le courage de me suivre, n'ont pas été plus rebutés que moi.

[illegible]

[illegible] qui [illegible]

[illegible] je ne me repens pas de [illegible] que j'ai prise pour ma faible part, heureux si les [illegible] qui ont eu le courage de me suivre n'ont pas [illegible] plus [illegible] que moi.

APPENDICE.

Je donne ici quelques hymnes nouveaux, tous tirés du Rig-Véda, et que j'ai traduits comme les autres sur le texte de Rosen, en m'aidant de sa traduction et de celle de M. Langlois. Ils ont le même caractère que ceux que j'ai cités dans le cours du travail précédent ; et ils ne feront que confirmer ce que j'ai dit de la poésie védique.

Voici d'abord le premier hymne par lequel s'ouvre le Rig-Véda ; il est adressé à Agni, le dieu du feu, qui tient encore plus de place qu'Indra lui-même dans les invocations des rishis.

RIG-VÉDA.

Section I, Lecture I, Hymne 1 (1); — Madhoutchhanda, rishi; Gâyatri, mètre.

A AGNI.

J'adore Agni, le pontife, le divin prêtre du sacrifice, le dieu invocateur, le plus généreux des dieux. Qu'Agni, qui mérite d'être célébré par les rishis antiques et nouveaux, amène ici les

(1) Fr. Rosen, page 1 ; M. Langlois, page 1.

dieux. C'est par Agni que l'homme pieux obtient une richesse qui s'accroit de jour en jour, et qui, avec la gloire, lui donne une vigoureuse postérité.

O Agni, le sacrifice que tu enveloppes de toutes parts, s'élève jusqu'aux dieux. Qu'Agni, l'invocateur, le bienfaisant, le sincère, le glorieux, vienne vers nous avec les autres dieux, dieu lui-même aux formes les plus diverses. O Agni, tout le bien que tu feras au mortel qui t'implore deviendra ton propre bien, ô Anguiras. C'est toi que sans cesse nous invoquons, ô Agni, le jour et la nuit, t'offrant notre hommage dans nos cœurs, toi le dieu brillant, le gardien des saints holocaustes, le dieu splendide qui grandit dans le foyer dont tu fais ta demeure. Daigne nous accueillir, ô Agni, avec bienveillance, comme un père reçoit son fils; viens assurer notre félicité.

A ce premier hymne, j'en joins trois autres qui célèbrent également Agni.

RIG-VÉDA.

Section I, Lecture I, Hymne 12 (1); — Médhâtithi, fils de Kanva, rishi; Gâyatrî, mètre.

A AGNI.

Nous prenons Agni pour notre messager près des dieux, lui l'invocateur qui sait tout, le prêtre qui bénit le sacrifice. C'est Agni, c'est Agni que les pieux mortels appellent toujours dans leurs invocations, Agni le maître des humains, le ministre des holocaustes, l'objet aimé de tous les hommages. Agni, toi qui viens de naître, conduis ici les dieux sur ce pur tapis de Kousa; tu es pour nous l'invocateur adorable. Eveille les dieux, avides de nos offrandes; et quand tu auras accompli ton message, viens t'asseoir avec eux sur le gazon sacré. Toi qu'appellent les liba-

(1) Fr. Rosen, p. 18; M. Langlois, p. 19.

tions du Ghrita, brillant Agni, viens brûler nos ennemis qui s'unissent aux Rakshasas.

C'est par Agni que s'enflamme Agni, le sage, le protecteur du foyer domestique, le jeune sacrificateur, dont la bouche consume nos oblations saintes. Célèbre le sage Agni, le dieu plein de sincérité et de vertu dans le sacrifice, le dieu qui tue les ennemis. Quand un adorateur te prend pour messager, ô Agni, sois pour lui, dieu puissant, un protecteur immuable; quand un adorateur invoque Agni dans le sacrifice divin, daigne ô dieu purificateur, le combler de ta joie. O toi, pur et brillant Agni, amène pour nous les dieux à notre holocauste, à notre libation. Pour prix de cet hymne nouveau, donne-nous la richesse, et la nourriture féconde en postérité de héros.

O Agni, toi qui brilles d'un éclat si pur, que nomment toutes les prières adressées aux dieux, daigne accueillir cet hymne saint que nous t'offrons.

RIG-VÉDA.

Section I, Lecture III, Hymne 12 (1); — Praskanva, fils de Kanva, rishi; Vrihatî, mètre.

A AGNI.

Immortel Agni, procure à ton adorateur la richesse immuable et diverse que l'aurore éclaire; ô dieu sage, amène à cette heure avec toi les dieux que réveille l'aurore. C'est toi qui es notre aimable messager; tu portes nos sacrifices, ô Agni, divin conducteur des holocaustes. Escorté des Asvins et de l'Aurore, accorde-nous cette large opulence qui donne la force et le courage. Oui, nous prenons aujourd'hui pour messager, Agni, l'asyle et l'amour des humains, qui fait briller son étendard de fumée, qui répand la lumière, et qui vient aux premières lueurs

(1) Fr. Rosen, p. 82; M. Langlois, p. 83.

du matin visiter nos solennelles oblations. Aux premières lueurs du matin, j'invoque Agni, beau, jeune, sage, l'hôte aimable qu'adorent sans cesse les pieux mortels; et je lui demande de me conduire aux dieux.

Je te célébrerai dans mes chants, ô toi, l'immortel soutien du monde, le protecteur immortel, adorable Agni, le sacrificateur diligent, le porteur des holocaustes saints. Daigne penser à nous, ô dieu plein de force et de jeunesse, qui mérites toutes nos louanges, dont la langue se plaît à nos offrandes, que nous ne cesserons jamais d'invoquer; accorde à Praskanva de longs jours, et protége en lui la race divine d'où il sort. Les humains allument les feux du prêtre qui sait tout; et toi, Agni, qu'implorent tant de prières, amène ici sans retard les plus sages des dieux, Savitri, l'Aurore, les Asvins, Bhaga, tous compagnons d'Agni au matin comme au soir. C'est toi que les fils de Kanva font briller de tous les feux en tenant leurs libations toutes prêtés, pour que tu portes leurs holocaustes et reçoives leurs dignes hommages; car c'est toi, ô Agni, qui es le maître des sacrifices et le messager des mortels. Conduis donc ici les dieux que l'aurore éveille et qui viennent contempler le soleil éclatant.

O Agni, tu as déjà brillé resplendissant de lumière devant les aurores passées, visible aux yeux du monde entier. Tu es à nos foyers le protecteur domestique; tu es dans les sacrifices le prêtre qui accueille les vœux des humains. Nous te plaçons comme un de nos semblables, près de cet autel, pour invocateur et pontife tout ensemble, toi le dieu sage, le messager immortel et rapide. Quand fidèle à tes amis, tu viens, sacrificateur domestique, accomplir ton message près des dieux, tes flammes retentissent, ô Agni, comme les vagues bruyantes de la mer.

Entends-moi, toi dont l'oreille peut tout entendre, ô Agni, en même temps que m'entendront les dieux dont tu es toujours accompagné. Que Mitra et Aryaman, partis dès le matin, viennent s'asseoir sur le gazon sacré auprès du sacrifice. Que mon hymne soit entendu des Marouts, généreux bienfaiteurs, qui par la langue enflammée d'Agni, prennent part à l'holocauste. Que Varouna, fidèlement honoré par nous, vienne boire le Soma, escorté des Asvins et de l'Aurore.

RIG-VÉDA.

Section I, Lecture v, Hymne 8 (1); — Parasâra, rishi ; Dvipada, mètre.

A AGNI.

Flambeau splendide comme l'astre qui éteint l'aurore, Agni remplit la terre et le ciel d'une lumière aussi vive que celle du soleil. Dès que tu te montres, tu embrasses la nature entière; et tu deviens le père des dieux dont tu es aussi le fils. Agni, sage et bienveillant, vient savourer la douceur de nos libations, comme nous savourons le lait de nos vaches. Tel qu'un homme bienfaisant dans un village répond à l'appel qu'on lui fait, tel il siége au milieu des sacrifices et fait la joie de notre maison. Oui, il est la joie de notre maison, comme un fils nouveau-né; il précède les hommes comme un adroit cavalier; et quand je convoque tout ce peuple à la prière qui le réunit, Agni reçoit tous les honneurs divins.

Personne ne trouble tes cérémonies saintes depuis que tu as assuré le bonheur de ces hommes qui t'adorent; et si quelque profane venait insulter à ton culte sacré, tu saurais bien, soutenu de serviteurs aussi dévoués que nous, mettre en fuite tes ennemis. Puisse donc Agni, splendide comme l'astre qui éteint l'aurore, éblouissant en son admirable beauté, entendre la prière de son adorateur.

Mais voilà ses rayons chargés de nos offrandes qui s'ouvrent eux-mêmes les portes du sanctuaire, et qui tous ensemble s'élèvent vers les cieux.

(1) Fr. Rosen, p. 139; M. Langlois, p. 133.

Le culte d'Indra est, après celui d'Agni, celui qui a le plus d'importance et d'intérêt dans le Rig-Véda, ainsi que je l'ai dit (voir plus haut page 37). J'ajoute quatre hymnes à ceux que l'on connaît déjà.

RIG-VÉDA.

Section I, Lecture I, Hymne 7 (1). — Madhoutchhanda, rishi; Gâyatrî, mètre.

A INDRA.

C'est ce grand Indra que les poètes, Indra que les chantres dans leurs chants, Indra que nos prières célèbrent à l'envi, Indra qui peut toucher à tout, porté par les coursiers fauves que conduit sa voix, Indra qui tient la foudre, tout brillant de l'or qui le couvre.

Indra, pour que la vue pût s'étendre au loin, a fait surgir le soleil dans les cieux; et par ses rayons il a réveillé l'univers. Indra, sois notre rempart au milieu des combats; et dans les riches butins que tu nous livres, donne-nous, dieu terrible, ton terrible appui. C'est à Indra invoqué par nous que nous demandons les richesses immenses, à Indra les moindres richesses, à lui, notre recours contre les ennemis, à lui qui porte la foudre. O dieu, qui verse la pluie, et nous donne les fruits de la terre, ouvre-nous ce nuage et ne repousse pas nos prières. De tous ces hymnes qui se chantent à la louange des autres dieux, je n'en trouve pas un qui soit digne de cet Indra qui lance le tonnerre. Mais ce dieu fécond visite les humains dans toute sa puissance, comme le taureau s'avançant vers ses compagnes; et il daigne, maître clément, ne pas repousser leurs vœux; car c'est lui seul qui règne sur les hommes, qui leur dispense ses trésors, et qui commande aux cinq classes des

(1) Fr. Rosen, page 10; M. Langlois, page 12.

êtres. Pour vous, nous invoquons Indra qui enveloppe et protége toutes les créatures; mais qu'il nous soit également propice !

RIG-VÉDA.

Section I, Lecture 1, Hymne 8 (1). — Madhoutchhanda, rishi; Gâyatrî, mètre.

A INDRA.

Indra, accorde-nous l'appui de la richesse, brillante comme l'or, triomphante, toujours victorieuse, par qui nous repousserons valeureusement les coups de nos ennemis, si tu nous protéges et nous conduis comme un généreux coursier. Indra, quand tu nous protéges, nous saisissons nos armes redoutables, et nous terrassons nos ennemis dans le combat. Avec nos soldats armés de traits, mais surtout si tu nous aides, ô Indra, nous abattons nos adversaires.

C'est qu'Indra est grand, c'est qu'il est supérieur à tout. Que la grandeur n'appartienne qu'au dieu qui porte la foudre; sa puissance est plus vaste encore que les cieux. Il satisfait les vœux des guerriers qui l'implorent dans la bataille, des pères qui lui demandent un fils, des sages qui lui adressent leurs prières. Le sein d'Indra qui boit à longs traits le Soma, se gonfle comme l'Océan, comme la salive dont la bouche est toujours humectée.

Oui, la prière qu'on lui adresse, sincère, retentissante, féconde, immense, devient pour le mortel qui l'adore comme un rameau chargé de fruits mûrs. Oui, ta protection puissante, ton secours, ô Indra, sont assurés à l'adorateur aussi pieux que moi. Oui, la louange flatteuse et l'hymne saint doivent être chantés en l'honneur d'Indra qui se plaît à boire notre Soma.

(1) Fr. Rosen, page 11; M. Langlois, page 13.

RIG-VÉDA.

Section I, Lecture I, Hymne 10 (1). — Madhoutchhanda, rishi; Anoushtoubh, mètre.

A INDRA.

C'est toi que célèbrent les poètes dans leurs hymnes, que louent, digne de tous leurs chants, les chantres qui t'invoquent. C'est toi, ô Satakratou, que les Brahmanes élèvent et soutiennent comme leur propre famille. En voyant le sacrificateur aller de montagne en montagne sans craindre la rude fatigue, Indra comprend son pieux dessein; et il arrive pour combler ses vœux avec l'escorte des Marouts. Attelle à ton char tes fauves coursiers, à la belle crinière, étalons impétueux, dont les flancs emplissent le surfaix; puis viens, ô Indra, en buvant nos libations, entendre de plus près nos chants. Accueille les hymnes que nous t'adressons; daigne nous écouter, daigne nous répondre, ô Indra, généreux soutien de notre maison; bénis les aliments que tu nous donnes et le sacrifice que nous t'offrons.

L'hymne sacré que nous chantons pour Indra nous fortifiera dans la lutte contre nos ennemis; que le nom de ce dieu puissant, de Sakra, retentisse aux oreilles de nos fils et de nos compagnons. Oui, c'est à lui que nous demandons des amis, des richesses, du pouvoir; c'est le puissant Indra dont la puissance nous doit combler de biens. Cette abondante offrande, ces faciles aliments, c'est à toi, ô Indra, que nous les devons; c'est toi qui les as purifiés. Ouvre pour nous l'étable de tes vaches célestes; assure-nous leurs richesses, ô toi qui t'enveloppes de nuages. Ni la terre ni le ciel ne peuvent à eux deux te contenir, quand tu écrases tes ennemis. Que tes victoires nous assurent les eaux qui découlent des cieux; envoie-nous les cé-

(1) Fr. Rosen, page 14; M. Langlois, page 16.

lestes vaches. Toi dont l'oreille peut tout entendre, écoute cette invocation, accueille mes chants; ô Indra, rapproche de toi cet hymne que je t'adresse, ainsi que te l'adresse mon compagnon. Nous savons que tu es le plus libéral des dieux, que jamais nous ne t'avons supplié vainement dans les batailles. Nous implorons ta libéralité sans égale, qui peut nous assurer mille bienfaits. Accours à notre appel, ô Indra, fils de Kousika. Bois avec plaisir ce breuvage qui t'attend. Soutiens et protége notre jeunesse, comble de tes dons le Rishi qui te célèbre. Que ces chants t'entourent de toute part, ô toi qui es digne de tous nos chants; puissent-ils croître avec toi durant les âges; qu'ils te soient doux comme il nous est doux de te les adresser.

RIG-VÉDA.

Section I, Lecture I, Hymne 16 (1). — Médhâtithi, rishi; Gâyatri, mètre.

A INDRA.

Que tes fauves coursiers, brillants comme le soleil, t'amènent, toi le dieu bienfaisant, ô Indra, vers nos libations que tu vas boire. Les grains de l'orge sacré sont arrosés de ghrita; que les fauves coursiers portent vers nous Indra sur son char où il se plaît tant. C'est Indra que nous appelons au début du sacrifice, c'est Indra dans le cours de l'holocauste, c'est Indra pour boire le Soma. Viens sur tes coursiers à la large crinière, ô Indra, à notre libation qui est prête; nous t'appelons à la libation préparée pour toi. Accours à cet hymne que nous t'offrons, à cette libation qui t'attend; bois-la comme un cerf altéré. Ces breuvages, ces liqueurs saintes sont disposées sur le tapis du sacrifice; bois-les, Indra, pour accroître tes forces.

(1) Fr. Rosen, page 24; M. Langlois, page 26.

Puisse cet hymne harmonieux toucher ton cœur et te plaire; daigne goûter le Soma que nous t'avons apprêté. Mais voilà qu'Indra accueille toutes nos libations que nous n'avions faites que pour lui. Le vainqueur de Vritra boit notre Soma. Viens donc combler nos vœux, ô Satakratou, en nous donnant des vaches et des chevaux. Nous t'invoquons dans une méditation pieuse.

J'ai parlé plus haut, page 37, du culte des Asvins, qui représentent à peu près, dans la mythologie indienne, Castor et Pollux de la mythologie grecque. Les trois hymnes suivants donneront une idée de leur rôle dans les croyances védiques.

RIG-VÉDA.

Section I, Lecture III, Hymme 14 (1). — Praskanva, rishi; Gâyatri, mètre.

AUX ASVINS.

Voilà cette aimable aurore, que nos yeux n'ont point encore vue, qui chasse l'obscurité du ciel. Je m'empresse de vous louer, brillants Asvins, enfants de la mer, inviolables gardiens des richesses, dieux de la prière, protecteurs du foyer domestique. Les hymnes retentissent pour vous, quand votre char traîné par des coursiers ailés vole au-dessus du ciel immense. Le pieux mortel, en versant les eaux saintes, nourrit les dieux de son holocauste, ô héros; il garde et protége le sacrifice sur le quel sont attachés ses yeux.

Venez donc, ô dieux véridiques que nos esprits adorent, boire le Soma qui sera l'aiguillon de vos propres esprits. Eloi-

(1) Fr. Rosen, page 88; M. Langlois, page 87.

guez, ô Asvins, les ténèbres qui nous entourent; et donnez-nous la nourriture glorieuse qui nous doit rassasier. Venez vers nous sur votre navire pour entendre et terminer nos chants, ô Asvins; ou bien attelez le char qui vous porte. Que votre navire vaste comme les cieux, que votre char s'arrête au bord des ondes saintes; les liqueurs du sacrifice sont prêtes. Et vous enfants de Kanva, vous pouvez dire aux Asvins: « Voici dans « le ciel les lueurs du matin; les libations sont préparées dans « la coupe: ô dieux, où cachez-vous votre forme invisible? » Mais voici la lumière avec le rayon du matin; le soleil commence à briller comme l'or, on le voit à la langue du feu qui s'obscurcit. Voici le splendide chemin du soleil qui est ouvert; on aperçoit déjà ses pas dans les cieux.

C'est ainsi que le poète célèbre la protection que les Asvins lui accordent, et prépare pour leur plaire le Soma qu'ils vont boire. Venez auprès de celui qui vous implore par son sacrifice, comme jadis vous vîntes près de Manou; buvez son Soma, écoutez son hymne, ô divinités bienfaisantes. L'aurore ne paraît qu'après votre lumière et que quand votre course s'achève; agréez nos sacrifices durant la nuit. Buvez tous deux, ô Asvins; tous deux assurez-nous le bonheur par votre puissance que nous avons tant invoquée.

RIG-VÉDA.

Section I, Lecture XV, Hymne 1 (1). — Praskanva, rishi; Vrihati, mètre.

AUX ASVINS.

Voici le doux breuvage que nous avons préparé pour vous, dieux protecteurs du sacrifice, ô Asvins; buvez ce Soma que dès hier nous vous avons apprêté; et daignez accorder la

(1) Fr. Rosen, p. 90; M. Langlois, p. 89.

richesse à celui qui vous implore. Accourez, ô Asvins, sur votre char magnifique que trois siéges décorent et qui parcourt les trois mondes. Les fils de Kanva vous adressent cette prière durant le sacrifice; écoutez favorablement leur invocation. Buvez le doux breuvage que nous avons préparé pour vous, dieux protecteurs du sacrifice. Venez donc aujourd'hui, adorables Asvins, avec votre char rempli de trésors, vers le père de famille qui vous appelle.

Vous qui savez tout, daignez vous asseoir sur le triple tapis; répandez la douceur sur ce sacrifice. Les fils de Kanva, les libations saintes à la main, sous la lumière qui se lève, vous invoquent, ô Asvins. Ce secours que vous accordiez jadis à Kanva, accordez-nous le maintenant, maîtres bienfaisants; buvez notre Soma, dieux protecteurs du sacrifice. Sur votre char rempli de trésors, apportez l'abondance au mortel libéral qui vous honore. Donnez-nous, de l'air ou des cieux, cette richesse que demandent tous les vœux. Dieux véridiques, que vous soyez près de nous, que vous soyez loin de nous, accourez à notre prière sur votre char splendide, dès que le soleil répand ses rayons. Que vos coursiers élancés vers notre sacrifice, vous amènent à nos libations. Accordez la richesse au pieux mortel qui vous présente ces libérales offrandes; et venez prendre place, ô héros, sur le gazon sacré. Avec ce char brillant comme le soleil, qui porte toujours la fortune à vos serviteurs, venez goûter notre doux Soma.

Par nos chants, par nos hymnes, nous implorons votre secours, ô divinités bienfaisantes; toujours dans la pieuse réunion des enfants de Kanva, vous avez daigné boire la libation sainte, ô Asvins.

RIG-VÉDA

Section I, lecture VIII, hymne 8 (1). — Kakshivân, rishi; Gâyatri, Oushni, Vrihati, mètres.

AUX ASVINS.

Quel hommage pourra vous fléchir, ô Asvins ? quel hommage est digne de vous deux ? Comment l'homme dans sa faible intelligence pourrait-il vous honorer ? Oui, que l'homme ignorant vous interroge sur ses voies, vous qui savez tout, vous auprès de qui tout autre est insensé; et aussitôt pour ce mortel, vous montrez votre force invincible. Nous vous invoquons, vous qui savez tout; inspirez-nous notre prière en ce jour. Un serviteur qui vous adore vous offre ce sacrifice.

Je ne prie pas des dieux impuissants. Consommez l'holocauste que je vous présente et que j'ai choisi pour vous; mais conservez-nous toujours forts et vigoureux. Le fils de Padjra vous adresse le même hommage qui plut jadis à Gosha et au fils de Bhrigou; le fils de Padjra est aussi sage qu'il est empressé d'obtenir vos bienfaits. Ecoutez donc favorablement l'hymne d'un homme qui errait dans les ténèbres. C'est ainsi que je vous ai loués, ô Asvins, quand j'ai recouvré la vue, dieux protecteurs et généreux. Vous pouvez accorder la richesse utile, vous pouvez aussi la ravir, ô vous qui êtes notre refuge; soyez nos vigilants gardiens; défendez-nous des ruses de l'adroit voleur. Ne nous livrez jamais à un ennemi; ne souffrez pas que les vaches qui nous alimentent de leurs mamelles, soient jamais chassées de nos demeures, séparées de leurs petits.

Que ceux qui vous honorent et vous aiment obtiennent de vous de quoi soutenir leurs amis; assurez-nous la richesse qui

(1) Fr. Rosen, p. 257; M. Langlois, p. 241.

brille de tant de force; assurez-nous les aliments féconds que les vaches procurent. Mais je viens d'apercevoir le char des Asvins bienfaisants, il n'a plus de coursiers; grâce à lui, j'aurai l'abondance que je leur demande. O char, rempli de trésors, viens combler mes vœux; oui, ce char qui porte la joie descend vers les mortels pour que les dieux puissent boire le Soma.

Désormais je ne crains plus ni le sommeil, ni l'homme riche qui ne sait aider personne. Tous deux passent et périssent en un moment.

Les Marouts que je n'ai fait que citer comme les Asvins, ci-dessus page 37, sont les dieux des airs et des vents. Ils sont toujours en troupes nombreuses. Ce sont eux surtout qui amoncellent les nuages et qui causent les tempêtes. Ce sont des génies plutôt nuisibles que bienfaisants. On sent que le poète qui les invoque, les redoute tout en les chantant, et qu'il veut les fléchir bien plutôt encore que les célébrer.

RIG-VÉDA.

Section I, Lecture III, Hymne 5 (1). — Kanva, rishi; Gâyatri, mètre.

AUX MAROUTS.

Chantez, enfants de Kanva, la puissance et la rapidité des Marouts, qui n'ont point d'ennemis à craindre, que transporte un char brillant. Conduits par les daims à la peau mouchetée, couverts de leurs armes et de leurs parures, poussant des clameurs, les voilà qui viennent de naître, ne brillant que de leur propre éclat. Je les vois, j'entends le bruit du fouet qu'agitent

(1) Fr. Rosen, p. 71; M. Langlois, p. 71.

leurs mains; c'est le bruit qui dans les combats anime les courages. A cette troupe qui vous protége, et détruit vos ennemis, entourée d'une gloire éclatante, et dont la force est si bienfaisante, accordez une part des sacrifices et des chants que les dieux vous permettent.

Célébrez donc cette puissance des Marouts, qui règne au milieu des vaches célestes, inviolable et rapide. Le lait prend de nouvelles forces en restant dans la mamelle. Quel est le plus puissant d'entre vous, ô héros, vous qui faites trembler les cieux et la terre, quand vous l'agitez comme le mobile sommet d'un arbre? Contre la violence de votre course terrible, l'homme a fortifié sa demeure; le rocher, la montagne céderaient devant vous. Sous vos pas redoutables qui renversent tout, la terre, comme un chef de famille affaibli par l'âge, tremble d'effroi. Mais pour eux, le lieu qui les voit naître est inébranlable; ainsi que des oiseaux, ils s'élancent du sein de leur mère; car le lieu de leur naissance est également ferme des deux côtés.

Ils sont les dieux qui produisent le bruit et la voix. Ils répandent les eaux dans les conduits qu'ils leur ouvrent; et les vaches peuvent y entrer jusqu'au genou. Ce nuage si large et si long qui renferme les ondes dans son sein, et qui semble impénétrable, ils l'ébranlent dans ses replis. O Marouts, puisque la force est à vous, ébranlez tous les êtres; ébranlez les montagnes et les nuées. Partout où vont et soufflent les Marouts, ils font retentir le chemin qu'ils parcourent; et il n'est personne qui ne les entende.

Accourez donc sur vos chars rapides; il est pour vous chez les enfants de Kanva des oblations saintes; ici vous serez heureux et satisfaits. Ce sacrifice doit faire votre joie; car nous sommes à vous. Assurez-nous de longs jours.

RIG-VÊDA.

Section I, Lecture III, Hymne 7 (1). — Kanva, rishi; Vrihati, mètre.

AUX MAROUTS.

Quand, accourant des régions lointaines, aussi rapides qu'un rayon, vous abaissez sur la terre votre force adorable, quel est le mortel dont le sacrifice vous attire, ô Marouts, et dont le chant vous a touchés? Qui venez-vous visiter? qui? ô dieux qui ébranlez tout. Que vos armes soient solides pour repousser nos ennemis; qu'elles soient insurmontables pour les arrêter. Que votre puissance soit irréprochable, et ne ressemble point à celle du mortel qui ne sait que tromper.

Quand vous renversez, dieux puissants, tout ce qui est solide; quand vous soulevez tout ce qui est lourd, vous déchirez les forêts de la terre; vous déchirez les flancs des montagnes. Aussi n'avez-vous point d'ennemis au-delà des cieux ni sur la terre, qui se soient signalés contre vous, ô vainqueurs de tous les adversaires. Que votre force repose toujours sur votre concorde, ô fils de Roudra, et tout pliera bientôt devant vous. Les voilà qui ébranlent les montagnes, qui arrachent les arbres, rois de la forêt, partout où vous allez, ô Marouts, avec toute la troupe qui vous accompagne et qui se précipite comme exaltée par l'ivresse.

Vous avez attelé à votre char et à son rouge limon les daims à la peau mouchetée; la terre a entendu le bruit de votre approche, et les humains ont frémi. Nous implorons, ô fils de Roudra, votre prompt appui pour notre famille. Accourez, comme vous le fîtes jadis, sauver un fils de Kanva, qui tremble aussi devant vous. Suscité par vous, ô Marouts, suscité par

(1) Fr. Rosen, page 75; M. Langlois, page 75.

quelque mortel, un ennemi désire vous attaquer. Privez-le de tout aliment; privez-le de toute vigueur; privez-le de tout votre appui. O dieux vénérables, vous qui avez protégé Kanva, que votre aide tout entière nous accompagne et nous suive, comme la foudre accompagne la pluie. O dieux bienfaisants, vous possédez la puissance sans bornes; vous possédez la puissance sans bornes, ô dieux qui ébranlez tout. A l'ennemi de votre rishi, ô Marouts, lancez un ennemi aussi rapide que la flèche.

RIG-VÉDA.

Section I, Lecture v, Hymne 3 (1). — Nodha, rishi; Trishtoubh, Djagatî, mètre.

AUX MAROUTS.

Offre un pieux hommage, ô Nodha, à la troupe généreuse, honorée, féconde, aux Marouts. Profondément recueilli en mon âme, les mains étroitement jointes, je répands dans le sacrifice ces chants qui vont couler comme les ondes. Ces fils de Roudra sont nés du ciel, beaux, jeunes, vainqueurs, exempts de tout mal, tantôt purs et brillants comme le soleil, tantôt humides de pluie, et d'un aspect effrayant comme les mauvais génies. Toujours jeunes, toujours à l'abri de la vieillesse, ces fils de Roudra combattent les impies, et soutiennent les pieux mortels, aussi fermes que les monts, tandis que leur puissance peut ébranler ce qu'il y a de plus solide parmi tous les êtres de la terre et des cieux.

Ils se parent des ornements les plus variés; ils laissent pendre sur leur poitrine de brillants colliers; sur leurs épaules resplendissent leurs armes polies. Ils naissent tous de l'air au même moment, doués d'une force invincible. Donnant la richesse,

(1) Fr. Rosen, page 130; M. Langlois, page 125.

remuant les nuages, détruisant leurs ennemis, ils produisent par leur puissance les vents et les éclairs. Ils traient les nuées, ces mamelles célestes; et dans leur course, ils arrosent la terre qu'ils font trembler. Les Marouts généreux répandent les eaux, comme dans les sacrifices les prêtres répandent le ghrita. Ils apprennent au nuage, comme à un docile coursier, à verser la pluie; et ils savent traire, au milieu de la foudre, la nuée qui ne tarit pas. Grands, sages, ornés de splendides rayons, ne puisant votre force qu'en vous-mêmes, comme des montagnes, vous avançant d'un pas aussi rapide que les éléphants sauvages, vous renversez des forêts quand vous avez attelé vos cavales rougeâtres. Ils mugissent comme des lions, ces dieux prudents qui savent tout, aussi légers que le chevreuil qui ne les égale point en beauté. Terribles et bienfaisants tout ensemble, ils lancent avec ardeur les daims de leur char au secours des pieux mortels; et leur âme ne songe qu'au carnage des ennemis.

Faites retentir le ciel et la terre, troupe invincible, amie des humains, héros dont l'âme ne songe qu'au carnage; et déjà sur votre char orné de siéges, votre éclat sous une forme admirable a brillé comme l'éclair. Ces dieux qui savent tout, qui habitent la contrée de la richesse, qui sont pleins de vigueur, et dont la voix éclate au loin, tiennent en leurs mains une flèche rapide: habiles archers, héros dont la force est sans bornes, avides de nos libations. Sous les roues d'or de leur char, ils amoncellent la pluie; et ils poussent devant eux les nuages qu'ils entassent comme des montagnes. Appelés par nos hommages, les Marouts assistent à notre sacrifice, renversant les plus solides obstacles, sans que rien puisse eux-mêmes les ébranler sous l'armure étincelante dont ils sont revêtus.

Nous invoquons dans nos chants cette troupe des enfants de Roudra, sage, pure, redoutable, et dispensant la pluie féconde. Pour obtenir la richesse et la fortune, honorez cette famille des Marouts, qui soulève la poussière dans le ciel, forte, victorieuse, libérale. L'heureux mortel que vous protégez, ô Marouts, surpasse bientôt en puissance tous les autres hommes. Ses chevaux, ses serviteurs, lui procurent abondance et richesse. Il peut offrir de brillants sacrifices; et sa prospérité s'accroît sans cesse.

Accordez à ceux qui vous honorent de leurs offrandes, ô Marouts, un fils vigoureux, invincible dans les combats, magnifique, robuste, opulent, généreux, digne de justes louanges, capable de tout savoir. Puissions-nous pendant cent hivers nourrir un semblable fils et d'aussi nobles enfants! ô Marouts, donnez-nous une fortune que rien n'ébranle, que défendent de vaillants serviteurs, que ne puissent renverser les attaques de nos ennemis, et qui s'accroisse sans limites, des centaines de fois, des milliers de fois; mais surtout que chaque matin la troupe des Marouts vienne à nous avec les richesses qui sont le prix des saintes prières.

Je donne l'hymne suivant comme spécimen de ceux où plusieurs dieux sont invoqués simultanément. Il est probable que ce ne sont là que des fragments d'hymnes plus anciens, que, dans des temps postérieurs, l'on aura tenté de réunir en une œuvre unique. C'était peut-être le seul moyen de les conserver; mais l'on sent que malgré ce lien factice, ils ne forment point un ensemble.

Vayou que j'ai cité plus haut, page 37, est le dieu du vent et des airs. Varouna est le dieu de l'eau, ou plutôt le dieu de la nuit; Mitra, qui lui est presque toujours associé, est le dieu du jour. Tous deux ils représentent le soleil, soit pendant qu'il brille, soit pendant qu'il disparaît.

RIG-VÉDA.

Section I, Lecture I, Hymne 2 (1); — Madhontchhanda, rishi; Gâyatri, mètre.

A VAYOU.

Vayou, arrive dans tout ton éclat; ces libations sont prêtes; bois-les, et entends notre prière. Vayou, les chantres sacrés te chantent dans leurs hymnes, t'offrant la liqueur sainte, aux jours marqués qu'ils connaissent. Vayou, ta voix s'élève pour attester que tu approuves ton adorateur, et que tu vas boire à longs traits notre Soma.

A INDRA ET A VAYOU.

Indra et Vayou, ces libations sont prêtes : venez les prendre avec les mets que nous vous offrons; ces liqueurs saintes vous attendent. Vayou et Indra, vous voyez ces oblations du lieu où vous vous tenez près de notre sacrifice. Approchez-vous-en bientôt. Vayou et Indra, approchez-vous du prêtre, de l'homme qui sacrifie, et dont la prière vous appelle, ô dieux vaillants!

A MITRA ET VAROUNA.

J'invoque Mitra, pur et fort, et Varouna, le destructeur des ennemis, dieux qui accordent la pluie à notre prière. O Mitra et Varouna! vous qui, grâce à cette oblation, accumulez les eaux et les mettez en mouvement, vous avez reçu ce splendide sacrifice. Mitra et Varouna, dieux sages, nés pour être l'appui et le refuge des humains, soutiennent notre force et notre œuvre.

(1) Fr. Rosen, p. 2; M. Langlois, p. 2.

Je termine cet appendice par un hymne à tous les dieux, Visva-Dévas. Les hymnes de ce genre sont assez fréquents dans le Rig-Véda. Tous les personnages cités dans celui-ci nous sont déjà connus, à l'exception d'Aditi, qui est la déesse de la terre, ou plus généralement la déesse de la nature. Étymologiquement, le mot Aditi veut dire : non divisé, indivisible, complet ; Diti veut dire, au contraire, divisé, incomplet. Il est possible que l'Aditi du Véda soit l'origine de l'avyaktam du Sânkhya, qui représente aussi la nature dans sa totalité et dans son enveloppement indivisible.

RIG-VÉDA.

Section I, Lecture VII, Hymne 12 (1). — Koutsa, rishi ; Djagati et Trishtoubh, mètre.

A TOUS LES DIEUX.

Nous invoquons à notre aide Indra, Mitra, Varouna, Agni, la puissante cohorte des Marouts, et Aditi. Comme on sauve un char sur le bord du précipice, ô dieux qui êtes notre refuge, dieux généreux, sauvez-nous de toute faute !

Et vous, fils d'Aditi, venez à cette lutte où tous doivent prendre leur part. Soyez notre appui dans la bataille que nous livrons à nos ennemis. Comme on sauve un char sur le bord du précipice, ô dieux qui êtes notre refuge, dieux généreux, sauvez-nous de toute faute !

Que les Pitris reçoivent aussi nos justes hommages, et qu'ils nous protégent, ainsi que ces deux déités, le Ciel et la Terre, qui ont des dieux pour enfants et qui bénissent les sacrifices. Comme on sauve un char sur le bord d'un précipice, ô dieux

(1) Fr. Rosen, p. 218 ; M. Langlois, p. 205.

qui êtes notre refuge, dieux généreux, sauvez-nous de toute faute !

Nous célébrons dans nos chants le dieu qu'adorent les humains, qui leur donne l'abondance et à qui leurs prières la demandent, le dieu qui est l'appui des héros et qui les nourrit. Comme on sauve un char sur le bord du précipice, ô dieux qui êtes notre refuge, dieux généreux, sauvez-nous de toute faute !

O Vrihaspati! accorde-nous une constante prospérité. Nous te demandons ce bonheur, que jadis Manou t'a donné. Comme on sauve un char sur le bord du précipice, ô dieux qui êtes notre refuge, dieux généreux, sauvez-nous de toute faute !

Le Rishi Koutsa, quand il tomba dans le puits fatal, demanda le secours d'Indra, le vainqueur de Vritra, l'époux de Satchî. Comme on sauve un char sur le bord du précipice, ô dieux qui êtes notre refuge, dieux généreux, sauvez-nous de toute faute !

Que la déesse Aditi nous protége avec les autres dieux; que le Dieu toujours infatigable, qui conserve tout, daigne aussi nous conserver. Puissent encore nous accorder cette grâce, Mitra, Varouna, Aditi, la Mer, la Terre et le Ciel.

FIN.

TABLE DES MATIÈRES.

BIBLIOTHÈQUE IMPÉRIALE IMPR.

ERRATA.

Pages.

27, ligne 3, *lisez :* tchandoguya, *au lieu de :* tchandognya.

35, en note, *lisez :* note 2 de la page 33, *au lieu de :* note 1 de la page 41.

68, ligne 19, *lisez :* vrishala, *au lieu de :* vidhala.

Je ne crois pas nécessaire de rectifier spécialement quelques erreurs de quantité qui se sont glissées dans la transcription de plusieurs mots sanscrits; les lecteurs les reconnaîtront sans peine.

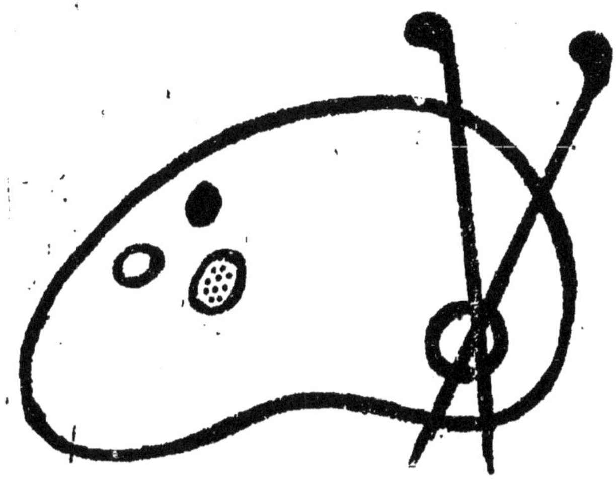

Original en couleur

NF Z 43-120-8

www.ingramcontent.com/pod-product-compliance
Lightning Source LLC
Chambersburg PA
CBHW070617100426
42744CB00006B/520
9782012648487